I0174533

CASSIODORE

CONSERVATEUR

DES LIVRES DE L'ANTIQUITÉ LATINE.

CASSIODORE

CONSERVATEUR

DES LIVRES DE L'ANTIQUITÉ LATINE.

—

THÈSE

PRÉSENTÉE A LA FACULTÉ DES LETTRES DE PARIS

PAR ALEXANDRE OLLERIS,

PROFESSEUR AGRÉGÉ D'HISTOIRE.

> An der Achtung, die jede gebildete Nation Europa's der griechischen, als der, welche die Bildung von Europa angefangen hat, so gerne zollt, hat wenigstens der Dichter und der Philosoph unstreitig einen grössern Antheil als der Gesetzgeber und der Eroberer.
> F. SCHLEGEL.

PARIS.

IMPRIMERIE DE Mme Ve DONDEY-DUPRÉ,

RUE SAINT-LOUIS, 46, AU MARAIS.

—

1841.

A MONSIEUR

JOS. VICT. LE CLERC,

PRÉSIDENT DE L'ACADÉMIE DES INSCRIPTIONS ET BELLES-LETTRES,

DOYEN DE LA FACULTÉ DES LETTRES,

PROFESSEUR D'ÉLOQUENCE LATINE,

OFFICIER DE LA LÉGION-D'HONNEUR.

Hommage de respect et de reconnaissance,

A. OLLERIS.

Mai 1841.

CASSIODORE

CONSERVATEUR

DES LIVRES DE L'ANTIQUITÉ LATINE.

———

Déjà dans les beaux jours de Rome, les auteurs se plaignaient de la négligence des copistes pour transcrire leurs livres ; avec le temps, le mal ne fit qu'empirer. Aussi, lorsque le premier flot des Barbares eut passé sur l'empire au commencement du vi[e] siècle, les lettres étaient en grand danger de périr, et avec elles le souvenir de cette civilisation qui avait jeté un si brillant éclat et dans la Grèce et dans l'Italie. Sans doute les nations ne meurent pas en entier ; l'héritage qu'elles lèguent aux générations futures leur parvient ; mais ce qu'il y a de beau, de divin en elles, cette fleur si délicate, ce parfum si suave de la poésie et de l'art, ce développement si ingénieux de l'esprit, n'est-ce pas dans les écrits qu'il se conserve ? La foule ignorante ne saurait l'apprécier ; il faut que des hommes choisis l'accueillent, le retirent comme dans un sanctuaire pour le donner ensuite au monde, qui viendra leur redemander ce trésor précieux.

Tel a été le sort des ouvrages anciens dans les premiers temps du moyen âge. Menacés d'une ruine complète, ils dépérissaient de jour en jour, au milieu des regrets inutiles de quelques hommes qui n'avaient pas oublié le passé, lorsque parut Cassiodore. Le secrétaire des rois, devenu moine, ouvrit les portes de son monastère à l'antiquité négligée. Son exemple, ses conseils, ses promesses, opérèrent une révolution. Des hommes, réunis dans un dessein bien différent, s'occupèrent à transcrire les auteurs, et ce fut auprès d'eux que les savans du XIVe siècle et du XVe allèrent réclamer ces livres, dont l'apparition causait dans l'Europe intelligente autant de joie que la découverte d'un nouveau monde [1].

Quelle est la part de reconnaissance que nous devons à Cassiodore, quels furent ses soins, ses travaux, son influence pour nous conserver les productions des anciens? Tel est le sujet que je me propose de traiter.

Pour procéder avec plus d'ordre, je diviserai ce travail en trois parties. J'examinerai d'abord dans quel état se trouvaient les livres au siècle de Cassiodore, et quelles causes hâtaient leur ruine.

Ensuite je tâcherai de prouver qu'avant ce grand homme, les moines menaient presque tous une vie contemplative; qu'avant lui les lettres n'étaient pas enseignées dans les monastères, refuges des connaissances dans le moyen âge. Ainsi, il aura sauvé du naufrage les débris de la littérature latine, en introduisant les études dans les cloîtres, en recommandant vivement aux moines la transcription, en leur fournissant les moyens matériels, en leur donnant un exemple bien digne d'avoir des imitateurs.

Dans la dernière partie, je chercherai quels furent les ouvrages composés par Cassiodore, quels auteurs renfermait sa bibliothèque, et quelle a été leur destinée.

---

[1] Voir partout dans l'Histoire du quatorzième siècle et du quinzième, et principalement dans l'Histoire littéraire d'Italie, par Ginguené.

I.

Plusieurs causes amenaient dans le ve siècle la ruine des livres anciens : le Christianisme, les invasions des Barbares, l'ignorance qui en fut la suite.

Ils n'avaient jamais été fort communs ; les frais de transcription étaient excessifs, et un homme de fortune médiocre, zélé pour l'étude, se procurait difficilement les ouvrages qui aujourd'hui nous paraîtraient nécessaires. Il n'avait pas fallu moins que les richesses et la puissance des rois pour former des bibliothèques. Une conséquence de la cherté des livres, c'était la rareté des libraires[1]. Avant les empereurs, il n'en existait pas à Rome. Depuis cette époque, on en comptait quelques-uns ; mais Pline était tout étonné d'apprendre qu'il s'en trouvait à Lyon, dans l'une des plus grandes villes de la Gaule. Si Aulu-Gelle, arrivant d'Athènes, achète à Brindes quelques ouvrages à moitié moisis, c'est un hasard. Ces libraires, excités par l'intérêt, entretenaient des armées d'esclaves, qui, occupés nuit et jour à transcrire, livraient au public des livres dont les fautes grossières décelaient la négligence du copiste. Les cris des auteurs, les satires mordantes de Lucien qui insultait à l'ignorance du maître[2], n'arrêtaient pas le mal. C'était l'âge d'or pour les libraires. Les esclaves travaillaient beaucoup, mangeaient peu, et n'avaient pas l'inconvénient de vieillir inutiles dans la famille qu'ils avaient enrichie : Tu vendras les vieux bœufs, les vieux esclaves, avait dit à son fils le plus honnête des Romains[3].

Le Christianisme fit triompher d'autres idées que celles du

---

[1] Je donne au mot *libraire* le sens que nous y attachons aujourd'hui.
[2] Lucien, p. 408, édit. de Bâle.
[3] Caton, *De re rustica*, c. II.

vieux Caton. Il rapprocha l'esclave du maître; et en adoucissant le sort du premier, il contribua peut-être à la décadence de la librairie. L'esclave devenant plus libre devint plus négligent; les fautes furent plus nombreuses dans les copies, l'écriture onciale minuscule et la cursive, distinguées jusqu'à cette époque, furent peu à peu tellement mêlées, qu'à peine il fut permis au savant de s'y reconnaître. De plus, une direction bien différente fut imprimée aux pensées par le Christianisme, c'est-à-dire par ses premiers chefs. L'antiquité païenne fut réprouvée, ils ne virent en elle que les œuvres du démon.

Mais la grande cause de la ruine des livres, ce fut l'invasion des Barbares. Effrayés de leur approche, les habitans des villes et des monastères cachaient dans des souterrains humides les objets les plus précieux, les reliques des saints, leurs richesses, leurs livres; ou bien ils les emportaient dans des sacs, et s'enfuyaient dans les montagnes et les forêts. Souvent ils étaient prévenus par l'arrivée des ennemis, qui incendiaient les villes sur leur passage. Les ouvrages qui échappaient à l'incendie devenaient la proie du vainqueur. L'or, l'argent, l'ivoire dont ils étaient ornés excitaient sa cupidité; il les emportait comme un trophée, et de retour dans ses marais, il étalait aux yeux de ses compatriotes étonnés les lettres de pourpre d'un Virgile, d'un Tite-Live ou d'un Homère.

On n'écrivait plus alors. Qui aurait osé croire à l'avenir, lorsqu'on n'était pas sûr du lendemain? Les Barbares s'arrêtèrent. Les Romains échappés à la mort et à l'esclavage tâchaient, par leur servilité, de faire oublier le crime d'une naissance illustre, d'un esprit cultivé. Leurs sciences, qui ne les avaient pas garantis de la défaite, étaient un objet de mépris pour le vainqueur. Il haussait les épaules de pitié pour ces enfans qui, tremblant sous la verge du maître, n'oseraient jamais regarder une épée nue. Il raillait ces hommes de plume, ces langues habituées à siffler. Les livres lui servaient à allumer le feu[1], à faire litière à ses chevaux.

Après les invasions l'ignorance. Les relations interrompues entre les provinces arrêtèrent le commerce des livres; les entrepreneurs n'espérèrent plus s'enrichir en louant leurs esclaves instruits; il laissèrent reposer les instrumens du supplice; l'esclave jouit du privilége de l'homme libre; il lui fut permis d'être ignorant comme son maître. La langue latine parlée dans les provinces, modifiée par tant de prononciations diverses, altérée par l'introduction de mots barbares, ne fut plus reconnaissable. On ne prononçait plus comme on écrivait; de là des sources d'erreur; les principes de la grammaire étaient oubliés, de là des fautes plus grossières encore. Ajoutez-y celles qu'il faut attribuer à une transcription faite à la hâte, à la difficulté de lire les manuscrits. « Les plus belles écritures avaient leurs mots si peu distingués les uns des autres, qu'on eût dit que chaque ligne n'en faisait qu'un : et comme quelque portion du dernier mot d'une ligne était de temps en temps portée à la suivante, tout paraissait confondu. Les points, les distinctions et sous-distinctions étaient totalement négligés[2]. » Les intervalles des lignes, les marges étaient chargés de réflexions, de notes tironiennes, de sigles, d'abréviations. Dans cet embarras, le copiste copiait au hasard, intercalait tout dans ses lignes et donnait à ses successeurs une édition considérablement augmentée, il est vrai, mais non pas corrigée.

Lire devint dès le cinquième siècle une chose très-difficile, et si les savans des temps modernes ont souvent renoncé à comprendre ce qui nous reste de ces manuscrits, que l'on juge de ce que devaient être les esclaves du sixième siècle!

---

[1] Plus tard, en racontant une profanation semblable, un biographe latin de Boccace, Benvenuto da Imola, s'écriait : *I nunc, frange tibi caput pro faciendo libros!* Cours de M. J.-V. Le Clerc, en 1833, 2ᵉ leçon.

[2] Nouv. Traité de diplomatique, t. II, p. 411.

Mais ils savaient éluder toutes ces difficultés. C'étaient de ces hommes qui ont le talent de copier sans lire, et, dans leur simplicité consciencieuse, ils s'efforçaient de figurer les caractères placés sous leurs yeux. Les palimpsestes nous apprennent à quelle incorrection ils étaient parvenus [1].

Le danger était grand pour les livres. Encore un siècle d'une telle négligence, et peut-être ne restait-il plus rien. Il fallait remplacer les esclaves ignorans par des hommes libres et instruits, corriger les manuscrits, donner des règles sûres pour l'avenir : ce fut l'œuvre de Cassiodore.

[1] Cours de M. J. V. Le Clerc, en 1833.

II.

> Fralle rovine e fra 'l saugue le scienze si videro
> ancora levare il capo e passeggiare sicure.
> TIRABOSCHI.

Magnus Aurelius Cassiodorus Senator (Cassiodore) naquit à Scyllacium (Squillacci), petite ville du Brutium (Calabre), dont le séjour était enchanteur, si la description qu'il nous en a laissée n'a pas été inspirée par l'amour souvent aveugle de la patrie. L'année de sa naissance est contestée : les uns la placent en 469-70, d'autres en 479-80. La difficulté de coordonner les actes de sa vie a fait prévaloir la première opinion. Nous n'avons pas de détails sur son enfance; mais l'érudition répandue dans ses livres nous prouve que son éducation fut excellente et habilement dirigée. Élevé sans doute sous les yeux d'un père vigilant, il répondit à ses soins et apprit le grec, les sept arts libéraux, la mécanique, et il n'oublia jamais les sentimens religieux déposés de bonne heure dans son âme. Sa famille était illustre; son bisaïeul, son aïeul, son père, lui avaient frayé la route des honneurs, et il la parcourut heureusement sous un prince qui aimait à s'entourer d'hommes instruits et vertueux. Théodoric le choisit pour son secrétaire [1]; plus tard il le nomma questeur [2] et maître des offices [3]. Le père Garet, éditeur des œuvres de Cassiodore, et son biographe, le savant Denys de Sainte-Marthe, ajoutent à ces dignités. Selon eux, Odoacre l'aurait nommé comte des largesses privées et publiques, à peine âgé de vingt ans.

Après la défaite des Hérules, il aurait embrassé la cause de

---

[1] Variar., l. I, ép. 4.
[2] Liv. IX, ép. 24.
[3] *Ibid.*

Théodoric vainqueur, et conservé à ce prince la Sicile prête à se soulever[1]. Le roi des Ostrogoths reconnaissant lui aurait confié, à l'âge de vingt-quatre ans, le gouvernement de la Lucanie et du Brutium ; il l'aurait nommé successivement son secrétaire, questeur, maître des offices, enfin préfet du prétoire.

J'avoue que je me suis écarté de cette opinion pour embrasser celle du P. Sirmond, adoptée par le comte du Buat et par Tiraboschi. Le comte du Buat, s'emparant d'une indication rapide du P. Sirmond, a prouvé, dans un mémoire inséré dans le premier volume de l'Académie de Bavière, et reproduit en abrégé dans le journal de Trévoux (août 1764, art. XVII de la page 415-421), qu'il avait existé deux personnages de ce nom, et que celui dont il est parlé ép. 4, liv. I des *Variarum*, est bien différent de celui auquel est adressée l'épître 24, liv. IX ; il s'appuie sur la jeunesse de Cassiodore, sur le silence d'Athalaric, qui ne rappelle pas, dans sa lettre à son secrétaire, les dignités, les titres qu'il aurait reçus d'Odoacre et de Théodoric. Tiraboschi est du même avis ; il confirme les preuves déjà données par l'académicien de Bavière. (*Storia della Letterat. ital.*, t. V, lib. I, c. II, art. 3-4.)
A l'appui de cette opinion vient le caractère de Cassiodore. Cassiodore est un rhéteur qui se plaît dans les amplifications, les rapprochemens. S'il parle d'un homme de quelque mérite, il n'oublie rien de ce qui peut en relever l'éclat. S'il est parvenu de bonne heure aux dignités, il s'empresse de le faire observer, d'insister sur cette glorieuse exception. Il serait facile de multiplier les exemples ; je me contenterai de renvoyer à ses lettres : liv. IV, let. 4, p. 60 ; liv. VIII, l. 10, p. 128, 2ᵉ colonne haut. ; liv. VIII, l. 22, p. 135, 2ᵉ col. M. ; liv. IX, l. 7, p. 144, 2ᵉ col. B ; liv. IX, l. 8, p. 145, 1ʳᵉ col. M.

Cassiodore[1], prodigue d'éloges pour les personnes honorées de la bienveillance du roi, ne se les refuse pas à lui-

[1] Liv. I, ép. 2.

même. Ainsi, lorsque Athalaric le nomme préfet du prétoire, il s'écrit au nom de ce prince : que Théodoric l'a élevé encore jeune à la dignité de questeur, qu'il l'a trouvé plein de conscience, très-versé dans la connaissance des lois, sévère dans l'application de la justice, étranger à toutes les passions. Il se dit et se fait dire souvent qu'il a été fort occupé à composer des panégyriques, à écrire l'histoire des Goths ; il ne nous laisse pas oublier qu'il passait beaucoup de temps dans l'intimité de Théodoric, à qui il dévoilait les secrets de la nature ; il nous apprend que, dans ses fonctions de questeur, de maître des offices, il s'est distingué par une probité digne des Métellus et des Caton ; il nous parle même de sa piété [1]. Après tant de soins pour se faire connaître à nous, aurait-il négligé de nous dire que, de dix-huit à vingt-trois ans, il avait rempli les fonctions de maître des largesses privées, des largesses publiques, de gouverneur du Brutium et de la Lucanie ? Avec quelle pompe il aurait rappelé ce que dit Cicéron du caractère inquiet et turbulent des Siciliens ! Et leurs projets de révolte, et son ascendant sur les esprits, et cette province, le grenier de l'Italie, sauvée par lui, jeune homme ! il n'en parle pas. Il ne s'agit donc pas de lui dans la 4ᵉ lettre du liv. I. Cicéron eût tout aussi facilement oublié Catilina, ses feux et ses poignards, que Cassiodore l'éclat de ses premières années. D'ailleurs n'a-t-il pas pris toutes les précautions pour empêcher de confondre les deux personnages ? L'un est toujours nommé Cassiodore, l'autre n'est jamais désigné que sous le nom de Senator. Enfin le roi, ses amis lui rappellent la glorieuse préfecture de son père, et lorsqu'il nous parle de ses ancêtres, aucun n'est désigné comme s'étant illustré dans cette fonction, si ce n'est le personnage du premier livre de ses Lettres, que le père Garet et Sainte-Marthe réunissent à celui du neuvième pour en faire notre Senator.

---

[1] Voir la préface des lettres, et les lettres 24, 25, du liv. IX.

Ainsi Athalaric conféra le premier à Cassiodore la dignité de préfet du prétoire, et, malgré les révolutions fréquentes de l'empire éphémère des Ostrogoths, il conserva le titre de secrétaire sous Théodat et Vitigès : alors, affligé sans doute de tant de revers qui écrasaient sa patrie, il renonça au monde et alla s'enfermer dans un monastère qu'il avait élevé et doté richement. Les motifs de sa retraite, calomniés par un auteur moderne, ont été pleinement justifiés [1]. Cassiodore avait besoin de repos, et après avoir consacré cinquante ans de sa vie à ses compatriotes, il voulait se retrouver lui-même dans la solitude. Jamais repos ne fut mieux mérité ni plus noblement employé. On peut le dire sans craindre d'être injuste envers Théodoric; ce fut à son secrétaire qu'il dut la plupart des grandes idées de son règne, et quelque large que nous fassions la part du prince, nous pouvons ajouter que son secrétaire contribua puissamment à rendre l'Italie le centre de tous les royaumes barbares, à donner aux provinces désolées la paix et la tranquillité. Mais à lui seul, sans partage, cette heureuse influence sur les lettres et les sciences; à lui la liberté dont elles jouirent, l'éclat qu'elles jetèrent. « On vit des rois ignorans estimer les sciences qui, au milieu des ruines, au milieu des flots de sang, osèrent encore lever la tête. Un Italien qui eut l'honneur d'être aux côtés des nouveaux monarques, de jouir de leur faveur, les préserva pour quelque temps du funeste naufrage qui les menaçait. Il montra au monde un spectacle qui peut-être ne s'est jamais présenté : quelques-uns des souverains les plus grossiers qui se soient assis sur un trône, devenus de généreux, de magnanimes protecteurs des bonnes études [2]. »

Ce jugement de Tiraboschi est celui de la postérité.

---

[1] V. Tiraboschi, t. V, lib. I, c. 1, art. xv. *Storia della Letteratura italiana*.

[2] Tom. V, lib. I, p. 2.

II.

CASSIODORE MOINE.

> Il ritiro di Cassiodoro si può chiamare a ragione l'epoca dell' intera rovina dell' italiana letteratura. Dall' ora in poi l'Italia non potè occuparsi in altro che nel pianger le sue sciagure.
> TIRAB., l. V, art. 16.

Nous ne partageons pas les regrets du savant Italien. Jamais retraite ne fut plus heureuse : nous lui devons la conservation de la littérature ancienne, de ces monumens vivaces d'une civilisation qui n'est plus; nous lui devons les études introduites dans les monastères, et ce saint usage de transcrire les livres profanes.

C'est une opinion généralement répandue, que l'esprit des monastères contemplatif en Orient eut un tout autre caractère dans les contrées occidentales. On semble croire, qu'en touchant le sol de l'Europe, le moine, infidèle aux traditions de l'Asie, fit du lieu de sa retraite un centre d'activité, un foyer de lumière. Les Bénédictins, tout en réfutant ceux qui avaient prétendu que les cloîtres avaient été élevés en faveur des lettres et des sciences exilées du monde, ont voulu que, dès les premiers temps, elles y aient trouvé un asile en Orient comme en Occident. Le savant Muratori, trop confiant peut-être dans les Bénédictins, les a crus sur parole, lorsqu'ils se sont attribué l'honneur d'avoir les premiers cultivé les sciences[1]. Ce serait une grande témérité de heurter de front de telles autorités; mais sera-t-il permis d'exposer le résultat de recherches faites en dehors de tout système?

Les malheurs des temps, non moins peut-être que les be-

---

[1] ...I monaci Benedittini, e i loro abbati, egregiamente provvidero alle necessità della chiesa... col coltivar le lettere... Ant. Ital. t. III, p. 378.

soins religieux, donnèrent naissance à la vie monastique et peuplèrent les déserts. Toutefois dans l'isolement, l'homme seul avec sa conscience se livra à son Dieu, et ce sentiment domina. Il n'y eut rien de changé, lorsque, réunis sous un même chef, habitant le même lieu, les ermites, les anachorètes devinrent moines, cénobites. Pour eux, une chose seulement précieuse, le salut; une seule pensée, le jugement dernier; une seule science, la méditation de l'Écriture sainte; telle est l'idée que je me suis formée des monastères d'Orient. Sans doute des hommes instruits allaient quelquefois y chercher un refuge, y pleurer sur leur conduite passée, y retremper leur âme pour affronter avec plus de force les dangers du monde; mais, en entrant dans le monastère, ces hommes oubliaient leur savoir. Ils sacrifiaient tout à Dieu : richesses, éclat, et même, ce qui coûte le plus, leurs connaissances [1]. Si quelquefois le souvenir du passé retraçait vivement à leur esprit les douces jouissances de la littérature et de la poésie, ils se plongeaient dans la sévérité de la pénitence pour échapper aux attraits des syrènes; ou bien, s'ils cédaient à leurs accens enchanteurs, des cris de réprobation s'élevaient de toutes parts. Ainsi, Grégoire de Nysse déshonorait l'Église, la religion, parce que, renonçant aux fonctions de lecteur, il se laissait aller à l'étude de la rhétorique [2].

Si l'opinion des savans Bénédictins n'est pas erronée, les monastères d'Orient étaient des maisons d'éducation, où, à l'abri des dangers du monde, les jeunes gens se livraient à l'étude. « D'après Mabillon, dans les monastères soumis à
» la règle de saint Basile, on recevait des enfans, on les in-
» struisait jusqu'à ce qu'ils fussent en âge de pouvoir, avec
» maturité, faire choix de l'état qu'ils voulaient embrasser.

---

[1] Greg. de Nazianze, *Carmina de vita sua*, cité par Mabillon dans le Traité des Études monast., p. 6.

[2] Greg. de Nazianze, ép. 6.

» Ce que saint Jean Chrysostôme témoigne aussi des monas-
» tères de son pays [1]. »

L'auteur explique dans le même traité ce mot si vague, *on les instruisait*, lorsqu'il dit, chapitre II, que le bon ordre et l'économie ne peuvent subsister dans les monastères sans le secours des *études*, chapitre VII; que les études ont été établies par saint Benoît, dans son monastère, etc., etc. Denys de Sainte-Marthe, l'ami, le défenseur de Mabillon, précise à son tour le sens du mot *études*, lorsqu'il écrit : Je veux me rendre capable de comprendre.... les mystères de notre théologie; j'ai besoin du secours de la Grammaire, de la véritable Rhétorique, de la bonne Logique. C'est aussi la pensée qui est développée dans le Traité des Études monastiques. Cependant les auteurs ecclésiastiques du IVe siècle et du Ve, qui font la description du vrai moine, disent tous quelles vertus doivent orner son âme, quel travail occuper ses loisirs, et pas un ne parle de ses études. Si pour les moines la culture de l'esprit eût été chose sérieuse, leurs apologistes auraient-ils commis un tel oubli? Il est difficile de le supposer; mais l'ennemi le plus habile et le plus acharné des chrétiens, celui qui, pour relever les temples de Jupiter sur les autels renversés du Nazaréen, défendait l'étude aux disciples du Christ; Julien ne l'aurait pas oublié. Il défendait aux chrétiens d'enseigner les arts libéraux, d'expliquer Démosthène, Homère; il interdisait même aux enfans les cours des savans rhéteurs païens [2]. Pourquoi ses attaques n'étaient-elles point dirigées contre les monastères? C'est qu'il savait ce qui se passait dans leurs murs. Son silence paraît assez décisif.

Examinons les textes cités par Mabillon. Ils sont extraits,

---

[1] Traité des Études, partie I, ch. II, p. 13.
[2] Voir Ammien Marcellin, c. IV, liv. XXV, p. 427. — L'édit. de Julien dans ses Lettres, p. 78 et suiv.

l'un des grandes règles de saint Basile, l'autre de la réponse de saint Jean Chrysostôme aux ennemis de la vie monastique. Saint Basile veut en effet que des enfans orphelins, ou présentés par leurs parens, soient admis dans le cloître. Il veut qu'ils ne prononcent de vœux que lorsqu'ils pourront en apprécier toute l'importance. Jusque là, ils suivront tous les exercices religieux de la congrégation; pour eux, la règle sera un peu modifiée dans la rigueur des austérités; enfin, ils étudieront l'Histoire sainte, les proverbes, et leur émulation sera entretenue par des prix de mémoire. Voilà le résumé fidèle de deux pages du texte. Est-ce bien ce qu'on s'attendait à y trouver d'après le témoignage de Mabillon? Si je ne me trompe, saint Basile n'admettait ces enfans que dans l'espoir qu'ils embrasseraient la vie monastique; l'éducation qu'ils recevaient ne les préparait pas à autre chose. Il était si bien dans l'esprit du législateur de destiner ces enfans à recruter le monastère, que, lorsqu'il pose cette question : Convient-il que les enfans du dehors reçoivent l'instruction dans le cloître [1] ? — il répond que ce n'est ni agréable à Dieu, ni convenable, ni utile, s'ils ne doivent pas vivre sous la discipline du Seigneur. Ces enfans ne sont donc que les *oblati*. — Si les études eussent été en honneur dans les monastères d'Orient, ne serait-on pas étonné que, dans son homélie sur *le fruit que l'on peut retirer de la lecture des livres profanes*, il n'eût pas indiqué la méthode suivie par les moines? L'occasion était bien naturelle; il garde le silence.

Le texte de saint Jean Chrysostôme ne conclut pas mieux en faveur de l'opinion des Bénédictins. Si le soupçon n'était pas trop injurieux pour la mémoire de Mabillon, je dirais que ce savant ayant chargé quelqu'un de ses confrères de lui fournir des textes, celui-ci aurait par sa négligence induit en

---

[1] Interrog. 292, p. 518.

erreur l'auteur du Traité des Études monastiques. Au lieu de lire le texte de saint Chrysostôme, il aura parcouru la table des matières (t. I, 3ᵉ col., p. 881). Il aura vu : « Ad » monasteria mittebantur juvenes instituendi etsi vitam mo- » nasticam non amplexuri essent. » Heureux de cette découverte, il l'aura remise à Mabillon sans consulter les pages auxquelles renvoyait l'index. Elles appartiennent à la troisième partie de la défense des moines, et, pas *une seule fois* dans tout ce traité saint Jean ne laisse soupçonner que l'on s'occupe de l'instruction littéraire des enfans. Le contraire ressort de l'exposition des faits.

Après avoir tracé une peinture énergique de la corruption des habitans d'Antioche, après avoir dit que les enfans se rendaient auprès des maîtres qui leur enseignaient le vice plutôt que la science, il était bien simple d'ajouter qu'ils trouveraient à la fois les connaissances et la vertu dans les monastères. Il n'en dit rien. N'est-ce pas une preuve que les monastères n'étaient que des lieux de prière et de mortification ?

Voici le langage qu'il prête aux parens d'un esprit plus modéré : Que les enfans étudient d'abord les lettres, puis'ils se livreront à cette philosophie, personne ne s'opposera à leurs désirs... Il leur répond : « Avez-vous la certitude qu'ils atteindront l'âge viril ?... Qui sera le garant de leurs premières années ? Si quelqu'un me donnait cette assurance, je ne les éloignerais pas du monde lorsqu'ils seraient instruits dans les lettres..... Je ne louerais pas ceux qui les engageraient à la fuite ; je les détesterais comme les ennemis de la société. » Il dit plus bas que la science n'est pas une chose si nécessaire. Anacharsis, Cratès, Diogène, Socrate lui-même faisaient peu de cas des lettres. Les ignorans ont fait de grandes choses, ce sont eux qui ont converti le monde. Ainsi la véritable sagesse, la véritable instruction n'est autre chose que la crainte de Dieu. Non pas qu'il veuille que les enfans croupissent dans l'ignorance ; mais il faut d'abord le nécessaire, et puis le superflu. On appelle les peintres quand la maison est bâtie.

Quelle est donc la pensée dominant dans tout ce traité ? C'est que les monastères fournissent des exemples de piété, de vertu ; mais qu'ils ne forment pas à la connaissance des belles-lettres. S'il en eût été différemment, Chrysostôme l'aurait fait soupçonner, soit dans cette apologie des moines, soit dans son homélie sur l'éducation des enfans. Il l'aurait signalé comme un service rendu à la société, et il n'aurait pas cité comme un fait extraordinaire un moine se consacrant à surveiller l'éducation d'un enfant pour le préserver des dangers du monde et tromper les espérances peu chrétiennes d'un père ambitieux. Dans un petit ouvrage fort curieux où saint Jean Chrysostôme met en parallèle un moine et un roi, le moine, c'est tout naturel, a partout l'avantage. Il est plus réellement roi, plus intrépide contre l'ennemi, plus magnifique dans ses libéralités, plus heureux pendant la nuit, plus heureux à son réveil, plus heureux à sa mort. Le plus éloquent des Pères aurait-il oublié de faire ressortir la supériorité que l'étude donnait au moine ?

En Occident, rien de changé dans les premiers siècles. Saint Augustin habitait depuis long-temps la ville de Milan, et il ne connaissait pas l'existence d'un monastère situé aux portes de la ville. Le récit des vertus, des travaux des moines était nouveau pour lui, jamais il n'en avait entendu parler [1]. Dans son amour, disons mieux, dans sa passion pour les lettres, pour la gloire, les monastères ne lui auraient pas été inconnus s'ils avaient été autre chose que de pieuses retraites où se cachaient des vertus que le monde n'était pas digne de posséder. Il savait si bien que c'était là le but, le seul but de la fondation des cloîtres, que dans sa règle il n'oublie rien, si ce n'est de parler des études.

---

[1] Confessions, liv. VIII, c. vi, § 15.

Cassien garde le même silence. La vie contemplative excite son admiration, le vrai moine sera *sourd*, *muet*, *aveugle*, *insensé*[1]. Il n'a donc pas cherché avec saint Honorat à établir des foyers de lumière dans les monastères de Marseille et de Lérins. Malgré tout mon respect pour les Bénédictins, je ne puis admettre l'assertion bien positive de Sainte-Marthe, que « dès » le temps même de saint Benoît, et selon sa règle, on élevait des enfans de qualité dans les monastères et qu'on les » instruisait dans les lettres, c'est-à-dire à peu près dans tout » ce qui s'enseignait à Viviers [2]. » Or, à Viviers, on enseignait les sept arts libéraux.

Sans doute on élevait des enfans de qualité dans les monastères de saint Benoît; mais on y élevait aussi des enfans pauvres. Les études étaient-elles communes? Les enfans des riches sortaient-ils des monastères, tandis que les enfans des pauvres y restaient? Pourquoi cette donation des biens? Pourquoi cette promesse par serment de ne rien laisser à ces enfans? Sainte-Marthe et Mabillon, en lisant le LIXe chapitre de la règle, ont oublié le LVIIIe. Ils auraient vu que ces enfans étaient engagés dans la vie monastique pour le reste de leur vie. Ces offrandes d'enfans étaient fréquentes dans l'Église; on les appelait *oblati*, et il leur était défendu de rentrer dans le monde, de s'y établir, de se marier. Muratori l'assure dans ses dissertations sur les antiquités italiennes :
« E tuttoche in età incapace di eleggere il loro stato, e so-
» lamente per arbitrio del padre si legassero in qualche Isti-
» tuto, pure non era da lì innanzi permesso loro di ritirarsi
» dal monistero ed ammogliarsi. Un' esempio ne ho prodotto
» io, ricavato dall' archivio de' Canonici regolari di san Bar-
» tolomeo di Pistoia, cioè uno strumento dell' anno 784 in cui
» Falcone Cherico offerisce a quel monistero Gisilari et Cas-

---

[1] Passim, *De Cœnobiorum institutis*, et surtout le ch. XLI.
[2] Vie de Cassiodore, p. 253.

» tiprand filiis meis, qui sup potestate sante regule et tue do-
» minationi, qui supra Dominico abbati, in ipsa santa ecclesia
» et monasterii beati sancti Bartolomei in avitu monachorum
» vivere et deservire deveat, sicut tanta continet regula, in
» palla altaris offerri previdi ipsi filii mei. » Qui voudra lire
les cérémonies usitées dans ces offrandes, les trouvera dans
le LVIIIe chapitre de la règle de saint Benoît.

Il était tellement éloigné de la pensée de ce saint législateur des monastères de l'Occident de vouloir faire du lieu de sa retraite un gymnase, une académie, comme le fut le monastère de Viviers, qu'il n'exige pas d'instruction dans le supérieur. Ce qu'il désire en lui, ce sont les vertus qui pouvaient briller dans le plus ignorant de la congrégation. *Vitæ merito et sapientiæ doctrina eligatur qui ordinandus est, etiamsi ultimus in ordine congregationis.*

Cela suffisait dans une maison où l'on se bornait à apprendre à mourir, où les moines étaient tellement grossiers, que quelques-uns ne pouvaient distinguer leur main droite de leur main gauche[1], et où plusieurs ne savaient pas lire ; dans une maison enfin où, de l'aveu de Mabillon, un seul verset de l'Écriture sainte suffisait pour occuper l'esprit et le cœur pendant des années entières[2]. S'il est question de lectures, ce sont toujours des lectures pieuses (*lectiones divinas*), pour ranimer, pour entretenir la ferveur, jamais pour cultiver l'esprit. Saint Benoît voulait deux heures de lecture par jour dans l'année, il en accordait trois dans le carême ; le dimanche était consacré en entier à cette occupation. Cette différence suffit pour expliquer l'esprit de la règle[3]. Sulpice-Sévère, dans la Vie de saint Martin de Tours, appuie cette opinion lorsqu'il dit que, dans le monastère, aux

---

[1] Rancé, Rép. au Traité des Études monast., p. 9.
[2] Traité des Études monast., p. 8.
[3] Ch. XLVIII de la règle.

enfans seuls était confié le soin de transcrire ; les plus âgés vaquaient à la prière [1]. Si donc l'on parle de copier des livres, c'est une exception, et d'ailleurs où se procurer les ouvrages nécessaires ?

Lorsque nous étudions l'histoire des ordres religieux, nous sommes trop préoccupés par le souvenir de quelques grands noms. Rien de plus facile que de conclure du particulier au général, mais aussi rien de plus dangereux. Sans doute dom Bouquet, Sainte-Marthe, Mabillon, Montfaucon étaient de grands savans ; mais ce serait une erreur de croire que ces hommes fussent communs même dans les temps modernes, ou que tous les Bénédictins se livrassent à l'étude. « De cent quatre-vingts monastères qui composent la congrégation de Saint-Maur, dit Mabillon, il n'y en a qu'environ vingt destinés pour les études communes, et un ou deux pour les études extraordinaires. Dans ces monastères même, il y a de certains travaux réguliers dont personne n'est dispensé ; la lecture et le service de table, laver et balayer. Du reste, les autres sont occupés tous les jours à une heure de travail. Dans la congrégation de Saint-Vanne, les écoliers mêmes n'en sont pas dispensés.... A Saint-Germain-des-Prés, sur cinquante religieux, douze seulement s'occupent de ces études [2]. » Il faut l'avouer, les moines du sixième siècle étaient fort ignorans et tout-à-fait étrangers à ce que nous appelons les études ; c'était un proverbe chez eux :

Amplius invenies in sylvis quam in libris ;

et se livrer à l'étude des lettres profanes, c'eût été apostasier. La bouche qui répétait les éloges du Christ ne pouvait

---

[1] « Ars ibi, exceptis scriptoribus, nulla habebatur ; cui tamen operi minor ætas deputabatur, majores orationi vacabant. »

[2] Reflex. sur le rép., p. 331.

proférer les chants inspirés par le démon [1]. Aussi ne nous laissons pas séduire par ces mots de bibliothèques, de livres que Mabillon fait sonner si haut dans son Traité des Études monastiques. Tout amas de livres, grand ou petit, s'appelait bibliothèque. Saint Damien dit à ses frères qu'il leur laisse un nombre considérable de volumes; ce sont: l'ancien et le nouveau Testament, les actes des Martyrs, quelques explications de l'Écriture sainte, quelques Homélies des pères. Saint Benoît nous apprend lui-même, dans le dernier chapitre de sa Règle, quels livres renfermait sa bibliothèque ; c'étaient : l'Écriture sainte, les Conférences et les Instituts de Cassien, les Histoires des saints Moines, les Ascétiques de Basile, les Homélies des pères sur l'Écriture sainte. Plus de livres n'eussent d'ailleurs rien prouvé. « Dans le monastère de la Trappe, il y a une quantité de livres assez considérable, dit l'abbé de Rancé à ses frères. Cependant, à l'exception d'une trentaine d'auteurs, la lecture des autres vous est interdite.... S'il arrivait quelque jour que l'on dît : Les religieux de la Trappe étaient de fort habiles gens, il y avait une bibliothèque dans leur maison, on se tromperait grandement. » Dans sa dispute avec Mabillon, l'abbé de Rancé était fidèle à l'ancien principe, lorsqu'il défendait la lecture et même la vue du Traité des Études monastiques, lorsqu'il disait que l'étude est une flétrissure et comme une plaie faite à l'ordre monastique [2].

Dans le sixième siècle, il n'était pas nécessaire, même pour être prêtre ou évêque, de savoir les lettres profanes; toute la science qu'on demandait, c'était d'avoir lu et relu l'Écriture sainte jusqu'à la savoir par cœur, s'il était possible. Les chrétiens nommaient les autres connaissances les études du dehors [3]. Aussi ne sera-t-on pas étonné de voir

---

[1] Se souvenir de la lettre de Grégoire le Grand à Didier, évêque de Vienne.

[2] Réponse au Traité des Études monast., p. 460. Voir la note, p. 69.

[3] Fleury, Disc. p. 68 et suiv.

des abbés, des prêtres et même quarante évêques à la fois, ne pouvoir point, par ignorance, apposer leurs noms au bas des actes d'un concile ¹. Ces évêques, on le sait, on les prenait souvent dans les monastères, parce que c'était là que se trouvaient les vertus les plus éminentes. Mais il ne faut pas croire que tous les moines fussent des saints. Si quelques-uns montraient de l'ardeur, beaucoup d'autres étaient froids, pleins d'aversion pour le travail et pour les pratiques religieuses. Jaloux, avides, luxurieux, impatiens de la règle et de toute obéissance, à peine une année entière s'était écoulée, que, fatigués, ils se présentaient au vestiaire pour réclamer les habits qu'ils avaient apportés, et disant adieu au monastère, ils cherchaient une maison plus facile ².

Fixer l'inconstance des moines, les troubler dans leur sainte ignorance, introduire chez eux un travail qui exigerait des efforts d'esprit et d'intelligence, c'était là un projet bien hardi; mais les difficultés étaient un peu aplanies par le respect qu'inspirait l'ancien confident des rois. Cet homme, riche, cet homme entouré d'honneurs, ce savant qui, après avoir gouverné des royaumes, se retirait dans un monastère pour y mener la vie des saints, donnait un exemple qui n'était pas commun au sixième siècle. Ce n'était pas encore le temps où les rois voulaient se faire moines et mourir dans le cuculle et le cilice.

¹ Nouv. Traité de dipl. t. II, p. 423.
² Voir Cassien et saint Benoît.

MONASTÈRE DE VIVIERS.

> Quot verba tot præmia.
> Cassiod., t. II, p. 549.

Sur les côtes de la mer Ionienne, dans cette partie de l'Italie à laquelle les anciens avaient donné le nom de Brutium et que nous appelons Calabre, s'abaissent, mollement inclinées vers la mer, des collines que la nature semble avoir préparées pour servir de retraite à des hommes de mœurs douces et paisibles. Un air pur, un ciel sans nuages, des hivers attiédis par la douceur de la température, des étés rafraîchis par les brises de la mer, faisaient de ces lieux un pays enchanteur. Le soleil s'élançant du sein des flots saluait de ses premiers rayons cette terre où croissaient de riches moissons à côté des vignes et des oliviers chargés de fruits. C'est là que Cassiodore avait bâti son monastère, et le travail de l'homme avait aidé celui de la nature pour embellir Viviers [1]. « Non loin de vos jardins, dit Cassiodore à ses moines, coule le poissonneux Pellène [2]. Son cours, habilement dirigé, suffit à tous vos besoins ; il arrose vos jardins, il alimente vos moulins. Le voulez-vous, il est là. Vos désirs sont-ils satisfaits, il s'éloigne obéissant... A vos pieds se déroule l'étendue des mers qui vous invitent à toutes sortes de pêches, et, si cela vous convient, le poisson pris peut être conservé dans des viviers ; car, avec l'aide de Dieu, nous avons fait creuser d'agréables réservoirs où, sous une grille fidèle, se joue la multitude des poissons. Nous avons si bien

---

[1] Pour cette description de Viviers, lisez la lettre 15e du l. XII, p. 195.
[2] De Instit. Div. Litt., ch. XXIX, p. 5545.

profité des cavités de la montagne, que, libre de prendre sa nourriture accoutumée, de se cacher dans ses creux, le prisonnier ne soupçonne même pas sa captivité. Par nos ordres, se sont élevés des bains convenablement préparés pour les malades, dans des lieux où coulent gracieusement des sources limpides dont les eaux produisent d'heureux effets, soit que vous en usiez pour boire ou pour prendre des bains. Loin de pouvoir avec raison envier vous-mêmes un séjour étranger, votre monastère serait donc un objet d'envie pour les autres..... Si, dans ce monastère de Viviers, les vertus cénobitiques vous préparent, comme il faut l'espérer, à une vie plus relevée; si vos âmes purifiées aspirent à un état plus sublime, vous avez la solitude agréable du mont Castel, où, par le secours de Dieu, vous pourrez mener heureusement la vie des anachorètes. Là se trouvent entourés partout de vieux murs, des lieux séparés, images fidèles des déserts. »

Ainsi Cassiodore savait satisfaire à toutes les exigences, suffire à tous les besoins. Attirer, conserver, telle semblerait avoir été sa devise. A ceux qui aimaient la solitude, les retraites du mont Castel, tandis que Viviers renfermait les frères appelés à moins de perfection. Ceux-ci furent l'objet des soins particuliers de Cassiodore. Ils furent ses élèves; il composa pour eux ses divers traités. Plein de zèle pour le service de Dieu, il avait voulu, de concert avec le pape Agapet, ériger à Rome une chaire pour expliquer les livres saints, comme cela se pratiquait depuis long-temps à Alexandrie, comme le faisaient les Juifs à Nisibis, ville de Syrie; mais les guerres, les malheurs avaient empêché d'exécuter ce projet, qui fut réalisé et au delà dans le monastère de Viviers [1].

On y enseignait les sciences sacrées avec les développemens donnés par les commentateurs grecs et latins connus à

---

[1] Préface de l'Instit. des Lett. div.

cette époque; les lettres profanes, les sept arts libéraux y étaient étudiés avec soin; les frères qui s'occupaient de médecine avaient des auteurs pour se former; l'agriculture elle-même n'était pas abandonnée à la routine : Virgile, Gargilius Martialis, Columelle, Émilien, dirigeaient les travaux des champs. Viviers présentait donc l'aspect d'une académie; tous les goûts étaient consultés, tous les talens employés. Mais combien d'adresse ne fallut-il pas à Cassiodore pour éviter les obstacles qui s'opposaient à ses vues! combien de précautions pour introduire les études dans les cloîtres ! Nous pouvons distinguer dans son *Institution des Lettres divines* les objections élevées contre tant de nouveautés. A quelques traits pris dans les légendes que des hommes illettrés, éclairés d'en haut, avaient connu tout-à-coup, ce que jamais ils n'avaient appris chez des maîtres; que la lecture n'avait pas pour eux de difficultés, l'Écriture sainte de mystères, il répondait avec saint Augustin : « Ce sont là des prodiges merveilleux, et tout est facile sans doute à une foi vive ; mais nous, mes frères, nous devons rester dans l'usage de la doctrine commune. Il est écrit : *Tu ne tenteras pas le Seigneur; et dans l'Evangile : Cette génération perverse et adultère demande des miracles....* Ainsi, prions, afin que Dieu nous accorde l'intelligence des choses qui nous sont cachées, mais gardons-nous bien de nous abstenir de l'étude [1]. »

Tout le chapitre XXVIII est destiné à lever les doutes, à dissiper les scrupules. Il s'attache surtout à ceux qui n'ont pu le suivre dans le développement de la science; il cherche à ranimer leur esprit abattu. « Ce ne sont pas seulement les lettrés, mais ceux mêmes qui ne savent pas lire qui reçoivent de Dieu la sagesse; sachons que la science n'est pas seulement placée dans les livres; Dieu donne la sagesse parfaite

---

[1] Préface, p. 538.

à qui bon lui semble ; car si la science du bien ne se trouvait que dans les lettres, ceux qui ne les savent pas n'auraient jamais la droite sagesse. Mais comme plusieurs personnes sans instruction parviennent à la véritable intelligence et reçoivent la vraie foi aspirée d'en haut, il n'est pas douteux que Dieu n'accorde aux sentimens purs et dévots ce qu'il juge leur convenir. »

Il insiste sur cette idée très-consolante pour les ignorans ; puis il ajoute avec plus de confiance : « Mais les saints pères eux-mêmes n'ont pas ordonné de rejeter avec tant de mépris l'étude des lettres profanes, parce qu'elles servent beaucoup à former le sens à l'intelligence des lettres sacrées ; si toutefois, avec l'aide de la grâce divine, on apporte de la réserve et de la sobriété dans la recherche de ces connaissances...... Beaucoup de nos pères, très-versés dans ces lettres et fidèles à la loi du Seigneur, sont parvenus à la véritable sagesse, comme saint Augustin le rappelle dans le livre de la *Doctrine chrétienne*, où il dit : « Ne voyons-nous pas combien de riches dépouilles en or, en argent, en vêtemens précieux, n'a pas emportées d'Égypte Cyprien, à la fois docteur très-suave et martyr très-heureux! Combien Lactance, combien Victorin, Optat, Hilaire! » Nous ajoutons, nous, Ambroise, Augustin lui-même, et Jérôme, et une foule innombrable d'autres Grecs. C'est aussi là ce que fit ce serviteur si fidèle de Dieu, Moïse lui-même, duquel il est écrit, qu'il fut instruit dans toute la sagesse des Égyptiens. Imitateurs de tant de grands hommes, hâtons-nous, avec prudence, il est vrai, mais sans relâche, d'étudier, si nous le pouvons, les lettres divines et humaines. Qui de nous oserait hésiter après tant d'exemples et de grands personnages ?... Mais si à quelqu'un de nos frères, suivant l'expression de Virgile :

Frigidus obstiterit circum præcordia sanguis,

et s'il ne peut apprendre très-bien ni les lettres humaines, ni les lettres divines, alors que, soutenu toutefois par de légères connaissances, il choisisse ce qui suit :

Rura mihi et rigui placeant in vallibus amnes ;

parce que, cultiver les jardins, labourer les champs, féconder les vergers, sont des occupations qui ne répugnent pas à la vie monastique; car on lit dans le psaume 127 : *Labores manuum tuarum manducabis : beatus es, et bene tibi erit.*

« Si vous demandez quels auteurs ont traité de ces travaux, Gargilius Martialis a écrit fort élégamment sur les jardins. Il a exposé avec soin l'art de cultiver les légumes, et leurs propriétés.... De même sur la manière de travailler les champs, d'élever les abeilles, les colombes et les poissons. Columelle et Émilien jouissent, parmi d'autres auteurs, d'une estime méritée. »

Ces études devaient fournir aux moines des mets délicieux; mais c'était surtout sous le point de vue de la charité chrétienne que Cassiodore considérait toutes ces occupations. Il ajoute : « Tous ces objets préparés pour les étrangers et pour les malades deviennent célestes, quoiqu'ils paraissent terrestres. Quel mérite n'est-ce pas, en effet, ou bien de ranimer les malades par des fruits délicieux, ou de les fortifier avec les petits des colombes, ou de les soutenir avec du poisson, ou de les récréer avec la douceur du miel ? Car si Dieu nous fait une loi d'offrir aux pauvres en son nom, même de l'eau froide, combien n'est-il pas plus méritoire de donner aux divers nécessiteux des mets très-suaves, qui au Jugement vous seront rétribués avec usure ! »

C'est avec cette adresse, cette bonté, cette douceur inépuisable, que Cassiodore s'efforce de gagner les esprits, de s'attirer la confiance, de faire le bien. Dieu, le salut, sont le mobile de tous les actes; c'est au nom du Seigneur qu'il instruira les moines. Mais avec quelle habileté tout est préparé pour exciter leur curiosité, piquer leur amour-propre ! Son *Commentaire des Psaumes* sera leur première lecture, puis l'*Ecriture sainte.* Dans le *Commentaire,* leur piété trouvera à s'édifier, leur ignorance à rougir, leur désir d'étudier sera stimulé; partout des explications littéraires et géographiques. A côté de saint Augustin et des pères, se placent Aristote, Cicéron, Homère, Euclide, Philolaüs, Macrobe. Cassiodore explique les figures de mots et de pensées, il donne leurs noms grecs, leur définition, il n'omet rien de ce qui peut compléter l'instruction de ses moines : aussi leur conseille-t-il de faire précéder ces lectures de l'étude des lettres humaines. Et que l'on se garde bien de confondre les études faites au monastère de Viviers, avec celles que les Bénédictins attribuaient aux premiers disciples du fondateur de leur ordre. Viviers, je le répète, nous apparaît comme une véritable académie; à peine si de nos jours les études sont plus complètes dans nos universités. On y apprenait la Grammaire, la Rhétorique, la Dialectique, l'Arithmétique, la Musique, la Géométrie, l'Astronomie.

Tous les moines n'apportaient pas la même ardeur, la même aptitude à ce travail; mais, pour ceux qui désiraient vivement s'instruire, la voie était facile et préparée. Non content des petits traités qu'il avait composés pour leur usage, Cassiodore leur indiquait des auteurs qui avaient approfondi le sujet, et leur en recommandait la lecture[1]. C'étaient : pour la Grammaire, Helenus et Priscien en grec, Palémon, Phocas, Probus, Censorinus, et surtout Donat et saint Augustin.

Pour la Rhétorique, Cicéron; et les Commentaires de Marius Victorinus, Quintilien et Fortunatianus[2].

Pour la Dialectique, Aristote, Varron, Prophyre, Apulée

---

[1] De Artibus ac Disciplinis Liberalium Litterarum, c. i, p. 559.
[2] *Ibid.* c. ii, p. 565.

de Madaure, Tullius Marcellus de Carthage, et les Commentaires de Cassiodore lui-même : *Peri Hermenias Aristotelis* [1].

Sous le nom de sciences mathématiques, les anciens comprenaient l'Arithmétique, la Musique, la Géométrie et l'Astronomie. Les Romains, gens d'affaires et d'argent, devaient avoir, ce semble, bien des ouvrages sur l'Arithmétique; Cassiodore se contente de citer le grec Nicomaque, traduit par Apulée et par Boèce [2].

Plus d'auteurs avaient écrit sur la Musique; Gaudentius traduit par Mucien, Censorinus, saint Augustin, Albin, se trouvaient dans le monastère de Viviers, et les moines les étudiaient [3].

Ils étudiaient aussi les géomètres Euclide et Archimède, traduits par Boèce [4] ; enfin Ptolémée, dont l'autorité était d'un si grand poids en Astronomie [5]. A ces études se joignait, nous l'avons déjà dit, celle des auteurs qui avaient traité des travaux des champs; et les moines qui consacraient leur vie à soigner les malades, devaient lire Hippocrate, Gallien, Dioscoride et Aurelius Cælius [6].

Il ne suffisait pas de donner des livres, il fallait que la voix du maître vînt animer, expliquer cette lettre morte et souvent inintelligible. Cassiodore semble nous dire que Denys le Petit avait enseigné la Dialectique à Viviers. Ce n'est pas, il est vrai, l'opinion du savant historien de la littérature italienne; mais nous pouvons lui opposer l'autorité du père

---

[1] De Artibus ac Disciplinis Liberalium Litterarum, c. III, passim et p. 569.

[2] *Ibid.* c. IV, p. 586.

[3] *Ibid.* c. V.

[4] *Ibid.* c. VI.

[5] *Ibid.* c. VII.

[6] De Inst. Div. Litt., c. XXIII, p. 552. Aurelius Cælius est le Cælius Aurelianus dont il nous reste divers traités.

Denys de Sainte-Marthe ; nous serions même porté à croire qu'ils s'étaient associé des hommes habiles pour les seconder dans cette partie si importante de leurs fonctions. Cassiodore nous parle toujours dans ses écrits de ses amis qui lisent auprès de lui, qui collationnent avec lui. Quels sont ces amis? sans doute Gérontius et Chalcédonius, les deux abbés auxquels est confiée la direction du monastère. Ils doivent unir à une piété solide un esprit cultivé ; ils doivent être les ministres intelligens du fondateur de Viviers; mais ils ne sont pas les seuls. Cassiodore nous désigne ses autres amis, lorsqu'il adresse le traité d'orthographe à Emilius, lorsqu'il nomme Bellator, Épiphane, Mucien, hommes diserts, qui, à sa demande, traduisent, commentent les ouvrages sacrés, et même quelques ouvrages profanes. Ils habitaient avec lui, ils l'aidaient de tous leurs efforts ; ils dirigeaient eux-mêmes la bibliothèque, si bien qu'Epiphane montrait à son ami des livres qu'il ne croyait pas posséder. Ces hommes n'avaient-ils pas d'autre occupation que celle de traduire? N'est-on pas disposé à penser qu'ils facilitaient le travail par des conférences, et que par leurs soins s'étaient élevés ces moines, que Cassiodore renvoie à l'examen des textes grecs et hébreux?

Ainsi se formait à Viviers une classe d'hommes laborieux et instruits, destinés à recueillir les traditions du passé, et à les transmettre aux générations futures. Précaution bien nécessaire ; car du VIIe siècle au Xe s'étend une période pendant laquelle les manuscrits sont dans l'état le plus déplorable. C'est l'époque pénible de transition.

Les faibles restes des esclaves intelligens ont disparu, et les leçons données par Cassiodore ne portent que lentement leurs fruits. Il avait compris son époque, lorsque, plein de sollicitude pour l'avenir, il avait confié aux monastères les trésors de l'antiquité ; là seulement ils étaient bien placés. Les moines, entourés de la vénération des peuples, libres des soucis qui assiégeaient le clergé séculier, pouvaient transmettre assez fidèlement ce dépôt précieux. Prier, travailler, étaient les deux bases sur lesquelles s'appuyaient les établissemens monastiques. Cassiodore ne les change pas, mais il donne aux travaux une direction plus intelligente ; et si la prière occupe moins de temps dans son monastère, il sait que le travail est aussi une prière, surtout le travail de l'intelligence, qui nous rapproche de la Divinité. On pourrait peut-être faire remonter jusqu'à lui, sans injustice, le proverbe : *Qui travaille prie*, que le célèbre défenseur de l'ignorance des moines, l'abbé de Rancé, reprochait avec tant d'aigreur aux Bénédictins. Prier, étudier, contribuer ainsi au bien de ses frères, voilà le but que s'était proposé Cassiodore. Il donne partout à la piété, à la contemplation les éloges les plus grands ; mais il ne cache pas sa prédilection pour ceux qui se dévouaient à sauver de leur ruine ces auteurs qui, plus d'une fois, lui avaient procuré de si douces jouissances.

« Pour moi, j'avoue mon vœu. De tous les travaux manuels qui peuvent s'exécuter parmi vous, les études des copistes, si toutefois ils sont fidèles, me sont le plus agréables, et peut-être ce n'est pas sans raison. Par la lecture souvent répétée de l'Écriture sainte, ils préparent salutairement leurs âmes, et par la transcription, ils répandent au loin les préceptes du Seigneur. Heureuse application, zèle digne d'éloges : prêcher les hommes avec la main, délier les langues avec les doigts, faire en silence le salut des mortels, et combattre, avec la plume et l'encre, contre les embûches perfides du Diable ; car Satan reçoit autant de blessures que le copiste écrit de paroles du Seigneur. Placé dans un seul lieu par la propagation de ses écrits, il se répand dans toutes les provinces ; dans les saints lieux on lit son travail ; les peuples l'entendent ; renonçant à leurs volontés perverses, ils sont convertis, et d'un cœur pur ils servent le Seigneur. Absent, il travaille par l'efficacité de son œuvre... L'homme multiplie les paroles célestes, et par un rapprochement que l'on ne saurait blâmer, il écrit avec trois doigts, s'il est permis de le dire, ce que proclame la vertu de la sainte Trinité. O spectacle glorieux pour un esprit attentif ! Le roseau court et les paroles célestes sont écrites. Ainsi, par ce même instrument qui servit au Diable à frapper, dans la Passion, la tête du Seigneur, sa malignité sera détruite. Ajoutez encore à leur éloge que les copistes semblent imiter le Seigneur, qui, bien qu'on le dise au figuré, écrivit sa loi par le travail de son doigt tout-puissant[1]. »

Jamais, sans doute, on ne fit un éloge plus ingénieux du travail des copistes. Le cœur, l'esprit, la vanité, tout est mis en œuvre pour exciter le zèle des moines. Transcrire devint bientôt une occupation assez générale. On eut dans les monastères une pièce destinée à recevoir les copistes ; on l'appelait *scripturium*[2], et voici la prière qui précédait le travail : « Benedicere digneris, Domine, hoc scripturium famulorum » tuorum et omnes habitantes in eo ; ut quicquid hic de di- » vinis scripturis ab eis lectum vel scriptum fuerit, sensu ca- » piant, ore percipiant : per Dominum[3]... »

Peut-être cette prière a-t-elle été composée par Cassiodore ; du moins ses idées furent assez goûtées, et les copies des ouvrages se multiplièrent. Les mêmes motifs ne poussaient pas tous les écrivains. L'un transcrivait pour le remède de son âme, un autre pour se délivrer d'une peine qui lui était infligée, et les moines, à la fin des manuscrits, ont soin de nous en informer : « Librum hunc pro remedio animæ » meæ ego in Dei nomine... scribere præcepi, » dit un évêque.

Explicit iste liber, a pœna sum modo liber,

s'écrie un moine. Quelques-uns se recommandent à vos priè-

---

[1] De Inst. Div. Litt., c. xxx, p. 555.
[2] Ducange lit *scriptorium*.
[3] T. III, p. 190. Nouv. Traité de diplomatique.

res, d'autres ont des goûts moins chrétiens et finissent ainsi :

> Detur pro pœna scriptori pulchra puella.

Une des espérances les meilleures est celle du moine Rodolphe ; il appartient à l'école de Cassiodore, et je me plais à citer ses vers trouvés à la fin d'un vieux manuscrit ; ils rappellent ces paroles du maître : « Satan reçoit autant de blessures que le copiste écrit de paroles du Seigneur. »

> Hunc ego Rodolphus, monachus tantummodo dictus
> Nomine, non merito ; sed fretus præsule Christo,
> Conscripsi librum cœlesti dogmate plenum.
> Nec grave sit cuiquam libri si lucra capessam,
> Magnum pro libro certe quia pignus habebo.
> Quod pignus, sodes ? Quod pignus ? jam modo nosces.
> Quum librum scribo, Vedastus ab æthere summo,
> Respicit e cœlis : notat et quot grammata nostris
> Depingam calamis ; quot aretur pagina sulcis ;
> Quot folium punctis hinc hinc laceretur acutis.
> Tuncque favens operi nostro, nostroque labori :
> Grammata quot, sulci quot sunt, quot denique puncti,
> Inquit, in hoc libro, tot crimina jam tibi dono :
> Hancque potestatem dat Christus habere perennem.
> Nec labor iste tibi, frater, jam proderit uni :
> Sed queiscumque velis, detur pars magna laboris.
> Hæc merces operis quam dat scriptoribus ipsis
> Sanctus vedastus, pater optimus atque benignus :
> Hac mercede librum perscripsi sedulus istum.

Les miracles venaient en aide aux abbés pour presser l'activité des moines. On citait un copiste exhumé vingt ans après sa mort ; sa main droite avait été trouvée entière et d'une fraîcheur admirable, tandis que le reste du corps était tombé en dissolution. Cette main était conservée dans le monastère comme un gage de la prédilection de Dieu pour les copistes [1].

---

[1] Cassien, t. I, p. 257, éd. Alard Gazæus, an 1616.

Mais on exigeait de leur part la plus grande fidélité, l'exactitude la plus rigoureuse ; de là les exhortations, les adjurations fréquentes que nous lisons dans les auteurs anciens : « Je t'adjure, toi qui transcris ce livre, par notre Seigneur Jésus-Christ et par sa glorieuse venue, dans laquelle il jugera les vivans et les morts, de comparer ta copie à l'exemplaire que tu as sous les yeux, et de corriger avec soin. Je t'adjure aussi de transcrire fidèlement cette exhortation, comme tu l'as trouvée dans le modèle [1]. » Soins inutiles ! Il y avait une telle confusion dans les manuscrits, que le lecteur était souvent forcé de se reprendre trois, quatre fois avant de former le mot, et devenait un objet de raillerie pour les assistans. Il y avait donc quelque chose de très-important ; c'était de corriger les textes anciens, de relire attentivement les copies qui en étaient faites. Les précautions nombreuses prises par Cassiodore, l'instance de ses conseils, nous prouvent combien on avait, depuis quelque temps, négligé tout ce travail.

« Que sert-il de parcourir beaucoup de livres, et d'ignorer ce qu'il faut corriger [2] ? Vous donc, qui brillez par la connaissance des lettres divines et humaines, et qui savez distinguer ce qui s'éloigne de l'usage commun, parcourez ainsi les Écritures sacrées. C'est au petit nombre, c'est aux savans à exécuter ce qui, on le sait, doit être préparé pour les frères simples et moins instruits. Aussi, entrez d'abord bien avant dans le sens de l'auteur, et corrigez les fautes ; que vous ne soyez pas accusés avec raison, dans vos tentatives, de corriger à la hâte. Ce genre de correction est, à mon avis, la chose de beaucoup la plus belle, et glorieuse, même pour les savans ; surtout que, dans votre présomption, vous n'altériez

---

[1] Saint Jérôme. Warton en cite de plus curieuses : *History of english poetry*. Passim.

[2] De Inst. Div. Litt., c. xiv, p. 546.

jamais les locutions de l'Écriture sainte... Ne brisez pas, en les déclinant, quelques noms hébreux, d'hommes ou de pays; conservez-leur la belle pureté de la langue...

» Disons maintenant, à l'exemple d'Aristote, dans quelles lettres il faut corriger les erreurs des copistes. Dans les verbes dépendans de prépositions qui régissent l'accusatif et l'ablatif, observe avec soin et le repos et le mouvement. C'est en cela surtout que sont convaincus d'erreurs les copistes étrangers à la Grammaire; car si tu ajoutes ou retranches maladroitement la lettre M, tout le sens est confus. Ne laisse pas dans la phrase B pour V, V pour B, O pour V, N pour M, échangés à tort contre les règles de la grammaire. Ajoute ou retranche à propos l'aspiration. Garde soigneusement le cas des noms, le temps des verbes, toutefois lorsqu'on te le permet; car tu trouveras fréquemment dans l'autorité des mots contraires à l'usage et qu'il ne te sera pas permis de corriger; mais alors que l'on se conforme aux exemplaires corrigés...

» Si toutefois se trouvaient des expressions peu convenables dans l'édition des Septante, corrigée par saint Jérôme, dans la version qu'il a donnée lui-même de l'hébreu, il faut hardiment corriger; ou bien, comme le dit saint Augustin, que l'on recoure au Pandecte grec qui contient, on le sait, toute la loi divine réunie; ou bien, que ceux qui peuvent consulter le texte hébreu et les docteurs ne négligent pas de le faire...

» Mais, pour paraître ajouter un ornement à tous ces écrits, les *positurœ*, que les Grecs appellent θέσεις, c'est-à-dire des points à la fois très-courts, ronds et très-pleins, mets-les à tous les chapitres, excepté à la traduction de saint Jérôme, qui est divisée par membres de périodes. Le discours est clair et bien plus intelligible, quand ces points brillent, mis convenablement à leur place. Quel plaisir, en effet, de suivre sans embarras les sens les plus saints; d'entrer subtilement dans les veines les plus salutaires des préceptes, de fixer avec précision un terme aux modulations de la voix, et de diviser en membres toutes les périodes, de sorte qu'elles s'embellissent, considérées dans leurs parties ! Si notre corps doit être connu par ses membres, pourquoi la lecture qui paraît distincte par ses parties serait-elle laissée à la confusion ? car ces *positurœ*, ces points sont pour ainsi dire les voies du sens, les lumières du discours..... Le premier point est le moyen ; le second, la sous-distinction ; le troisième, le plein [1]. »

Cassiodore renvoie à Donat ceux qui désirent épuiser le sujet. Il n'a parlé jusqu'ici que des livres saints. Il veut que les Pères, en un mot, que tout ce qui est en dehors de l'Écriture sacrée, soit corrigé d'après les principes notés par les maîtres des lettres humaines. Il est facile de voir, par cette longue citation, combien étaient fautifs les manuscrits de l'époque, combien était grande la sollicitude de Cassiodore pour les corriger. Il ajoute plus bas [2] : « Je vous supplie aussi, vous qui ne craignez pas d'assumer la responsabilité de correcteur, de vous étudier à faire si belles les lettres ajoutées au-dessus, qu'on les croie plutôt écrites par les antiquaires. »

Cassiodore n'avait rien négligé pour encourager, dans son monastère, les travaux des copistes et des correcteurs [3]. À côté d'eux vivaient des artistes habiles à relier ; et pour presser leur zèle, il trouvait des exemples dans l'Évangile. Il avait lui-même, de sa propre main, dessiné dans un livre diverses formes de reliure, afin que chacun pût choisir celle qui plaisait le mieux à son goût. La nuit n'interrompait point le travail ; Cassiodore avait inventé des lampes qui, par un mécanisme ingénieux, jetaient pendant long-temps des flots

---

[1] De Inst. Divin. Litt., c. xv, p. 546-7-8.

[2] *Ibid.* c. xv.

[3] *Ibid.* c. xxxi.

d'une lumière brillante. Enfin, des horloges, des clepsydres construites par Cassiodore, indiquaient nuit et jour les heures, et servaient à régler l'emploi du temps.

Ainsi, le monastère de Viviers était un atelier immense, ou plutôt [1] une ville, dont les habitans religieux concouraient tous vers le même but, sous la direction sage et éclairée de l'ancien ministre de Théodoric. Cassiodore connaissait toute l'influence de l'exemple sur les hommes, et les travaux qu'il recommandait à ses moines, il les exécutait lui-même. Critique habile, il savait distinguer les ouvrages publiés sous des noms empruntés [2]. Ce n'était pas chose facile, à une époque où l'ignorance était grande et les relations interrompues. Rien de plus commun d'ailleurs que de placer des traités sous les noms de quelques grands auteurs. Les écrits avaient plus d'autorité. Les novateurs s'en servaient pour répandre leur doctrine ; les défenseurs de l'Église employaient les mêmes armes pour repousser l'attaque [3].

C'est principalement comme correcteur que Cassiodore s'est distingué. Il s'attachait aux écrits les plus importans. Le Psautier, les Prophètes et les Actes des Apôtres lui avaient coûté une peine et des soins infinis. Vieux comme il l'était, et malgré les fatigues du long pèlerinage de sa vie, il les avait soigneusement comparés aux auteurs anciens, que ses amis lisaient auprès de lui à haute voix [4]. Il lut fort attentivement la plupart des commentaires des livres saints ; il marquait d'un obèle les opinions dangereuses répandues dans les ouvrages de Cassien et d'Origène ; il corrigeait les fautes d'orthographe, que l'ignorance avait introduites dans les livres ; il marquait p. p. les locutions qu'il ne fallait pas chan-

---

[1] Inst. Div. Litt., c. xxxii. Facta est itaque vobis quædam urbs propria, cives religiosi.

[2] *Ibid.* c. viii.

[3] Fleury, 3ᵉ Disc., p. 81.

[4] Inst. Div. Litt., préf.

ger dans l'Écriture sainte ; il indiquait les endroits où il fallait établir des distinctions et placer les points ; il mettait en lettres rouges les titres aux ouvrages, les divisait par chapitres, et y ajoutait des tables de matières pour épargner à ses moines l'ennui de recherches longues et souvent infructueuses [1].

Mais Cassiodore s'occupait-il seulement des écrits qui avaient rapport à la religion ? laissait-il méprisés les auteurs de l'antiquité païenne ? Je ne puis le croire : l'ancien secrétaire de Théodoric, qui dans les lettres de son maître avait relevé, d'une manière si pompeuse, les avantages d'une éducation brillante, l'éclat que l'étude des lettres faisait rejaillir sur les disciples des muses, celui qui vantait Boèce d'avoir fait latins les Grecs, celui qui, sans doute, avait favorisé Apronianus Astérius, correcteur du célèbre Virgile de Florence, ne pouvait rompre avec le passé. Cicéron, Virgile, Térence, Quintilien, Aristote, Homère, Démosthène, Ptolémée, cités souvent par Cassiodore, le délassaient encore de ses rudes fatigues. Il savait qu'Homère et Platon faisaient plus d'honneur à la Grèce que Solon et Alexandre ; que les poètes et les philosophes avaient une part plus grande dans le développement de la civilisation des peuples que les législateurs et les conquérans ; aussi se serait-il bien gardé de négliger tous ces beaux génies de l'antiquité. Dans le XXVIIe chapitre de l'Institution des Lettres divines, il recommande aux moines l'étude des arts libéraux ; dans le traité spécial écrit à ce sujet, il prescrit la lecture des auteurs profanes, modèles de nos jours, comme aux jours de Cassiodore, dans les divers genres qu'ils ont traités. Recommander, prescrire la lecture de ces ouvrages, n'est-ce pas en ordonner la conservation, la transcription ? Il a été si bien compris, que la plupart des livres qu'il dit posséder dans sa bibliothèque existent dans les nôtres.

[1] De Inst. Div. Litt., passim et c. XXVI, p. 553.

Que de soins pour les recueillir ! Comme s'il eût prévu que les Lombards attendaient sur le Danube le signal de Narsès pour dévaster l'Italie, que l'arrière-ban des Barbares s'apprêtait au nord et à l'est pour réclamer sa part des dépouilles de l'empire, il s'efforça de réunir dans un seul lieu les monumens du génie de l'homme et le résultat du travail des siècles. Les anciens plaçaient leurs bibliothèques près des temples [1]; Cassiodore mit la sienne dans un monastère sous la sauve-garde de la religion. La position de Cassiodore était des plus heureuses pour se procurer des livres. Comme secrétaire de Théodoric, il avait eu des relations avec les diverses contrées de l'Europe, avec l'Asie et l'Afrique, et il avait usé de son crédit pour se former à Rome une bibliothèque. Le roi des Ostrogoths résidait ordinairement à Ravenne ; Cassiodore ne s'éloignait pas de la personne du prince ; il avait sans doute une autre bibliothèque dans cette ville. Si on n'admettait pas cette supposition, il serait bien difficile de s'expliquer cette vaste érudition semée dans les lettres de Cassiodore. Ce fut de ces deux bibliothèques qu'il forma celle de Viviers. Il ne se contenta pas de ces richesses. Son crédit survécut à sa retraite ; il en profita pour obtenir les ouvrages qui lui manquaient. Il les demandait à l'Afrique, à la Gaule, il s'adressait à tous ceux qui pouvaient lui être utiles, et son exemple encourageant les moines, ils cherchèrent eux aussi, et peut-être furent-ils quelquefois plus heureux que leur maître. Dans son Institution des Lettres divines se présentent fréquemment ces phrases : Nous n'avons pu trouver que six livres de cet auteur, nous cherchons les autres avec l'aide de Dieu [2] !... Nous n'avons pu trouver en aucune manière tel ouvrage ; nous vous le laissons à chercher avec un grand zèle [3]... Plusieurs livres doivent nous être envoyés

---

[1] Voir Lursenius déjà cité.
[2] De Inst. Div. Litt., c. III.
[3] Ibid. c. III.

d'Afrique [1]... Il cite plusieurs commentaires qu'il n'a pas : « Plein de confiance dans la miséricorde divine, nous espérons les recevoir bientôt des diverses contrées où nous les avons envoyé chercher... Si avant que ces livres ne nous soient parvenus, il en tombe par hasard à quelqu'un de vous des parties entre les mains, qu'il se hâte de les transcrire avec un soin empressé et de les ajouter aux autres commentaires, afin que votre travail, par l'aide de Dieu, profite à la bibliothèque du monastère, où vous savez que j'ai préparé tant de richesses. Si, avant que ces livres ne fussent arrivés, notre vieillesse avait touché à sa fin par l'ordre de Dieu et avec la rémission des péchés, comme je vous conjure de le demander dans vos prières, vous recevrez toutefois l'objet de vos espérances [2]. » Il ne parle que des livres saints; mais ses moines, formés à l'école de Cicéron, de Quintilien, d'Aristote et d'Homère, ne cherchaient-ils pas avec les commentaires des Pères de l'Église, les chefs-d'œuvre de l'antiquité païenne?

Ce zèle, cette ardeur, cet amour des livres, accompagna Cassiodore jusqu'à la tombe. Avant d'y descendre, il vit sans doute garnir les feuillets blancs qu'il avait laissés à la fin de chaque volume pour y ajouter les ouvrages que l'on découvrirait [3]. Il posséda la bibliothèque la plus riche qu'un simple particulier eût jamais réunie. On y trouvait des volumes, des livres, des tablettes. Souvent le caractère oncial majuscule était employé; quelquefois il avait préféré le minuscule pour des ouvrages trop considérables.

Nous avons dit que l'étude des langues n'était pas négligée à Viviers; mais Cassiodore ne travaillait pas seulement pour les moines ses disciples. Comme s'il eût prévu qu'il arriverait un temps où le copiste trouvant une citation grecque passerait

---

[1] De Inst. Div. Litt., c. VIII.
[2] *Ibid.*
[3] *Ibid.* c. I, p. 540.

par-dessus en se contentant d'écrire : *ici du grec*, il fit traduire presque tous les ouvrages qu'il possédait. Les traductions ne lui faisaient pas négliger les textes ; il les conservait avec soin, et il nous appprend que les auteurs grecs étaient dans la huitième armoire de sa bibliothèque. La recommandation qu'il adresse aux moines les plus instruits de consulter l'hébreu et ses docteurs nous prouve que l'étude de cette langue n'était pas bannie de Viviers.

Cassiodore avait quatre-vingt-treize ans ; il jouissait des heureux résultats de ses efforts. Ce monastère élevé de ses mains prospérait sous ses yeux. La bibliothèque s'enrichissait ; les moines, dociles à sa voix, imitaient fidèlement ses vertus ; il songeait à se reposer de ses fatigues, en réunissant les écrits des apôtres, lorsqu'il fut arraché à ses pieuses pensées par les cris de ses disciples : « Que nous sert-il de connaître ou les œuvres des anciens, ou celles que, dans votre sagacité, vous avez jugé digne d'y ajouter, si nous ignorons entièrement comment nous devons les écrire, et si nous ne pouvons rendre dans notre langue ce que nous ne pouvons comprendre dans l'Écriture [1] ? »

Cassiodore avait en effet trop rapidement effleuré la Grammaire ; il reprit la plume et composa un Traité d'Orthographe adressé à son ami Émilius. Il s'appuie sur douze auteurs qui déjà ont traité cette question, et il donne l'analyse de leurs ouvrages en les enrichissant de ses propres observations. Il distingue l'orthographe des anciens d'avec celle des modernes, et il nous apprend que, dès le sixième siècle, on disputait pour savoir s'il fallait écrire comme l'on prononce. « Pour moi, dit-il, je n'accorderais pas tout à l'oreille, » et il veut que l'étymologie soit consultée. Il avait terminé ce travail lorsqu'il relisait encore son Institution des Lettres divines. A l'âge de cent ans, il retouchait son Commentaire sur

---

[1] De Orthographia. Præf.

les psaumes, et avouait, en rougissant de modestie, que Dieu lui avait accordé de vivre le nombre complet. On ignore à quel âge il mourut. Le chancelier Bacon le fait parvenir jusqu'à l'âge de cent ans; le père Garet et Sainte-Marthe ne sont pas de cette opinion, et Tiraboschi prétend qu'il n'a pas dépassé sa quatre-vingt-seizième année. La lettre du texte, sur lequel s'appuient ces savans, ferait croire que Bacon est celui qui se rapproche le plus de la vérité.

Quel que fut l'âge auquel Cassiodore quitta la terre, il laissa aux moines ses disciples le souvenir d'une vie pleine et méritoire. Cassien, saint Benoît, la plupart des fondateurs des ordres monastiques se montrent sévères, très-exigeans. Le monastère est un lieu de pénitence, une prison. Celui qui se présente doit dire un éternel adieu au monde, se prémunir par le serment et les vœux solennels contre un repentir tardif. Il est venu pour souffrir; *Qui veut me suivre doit porter sa croix*, telle est leur devise. Les prières, les macérations, les jeûnes sont multipliés. A chaque faute, à chaque erreur sa peine; pas de pitié, même pour les enfans[2]. Qu'on les fouette, qu'on les soufflette, qu'on les prive de nourriture; que les autres soient soumis à l'épreuve dure et humiliante de l'excommunication. Ces législateurs, forts de leur conscience, ont écrasé la nature; ils se sont roidis contre les sentimens humains; ils ne connaissent pas la faiblesse de l'homme et ne savent pas y compatir.

Cassiodore est bien différent; il y a, répandue dans tous ses livres, une charité qui vous émeut doucement l'âme et vous le fait aimer. Pendant trente années il a commandé aux hommes, il a vécu au milieu d'eux, il a étudié leur caractère, apprécié leurs faiblesses. Il sait que le cœur de l'homme est une énigme, un mélange singulier de bien et de mal;

---

[1] Infantes vapulent, c. XLV. Aut jejuniis nimis affligantur, aut acribus verberibus coerceantur, c. XXX de la règle.

plus d'une fois il aura soutenu lui-même cette lutte intérieure dont parle le prophète et répété les mots du poète :

> Video meliora proboque;
> Deteriora sequor.

Aussi quelle douceur, quelle bonté pour ses disciples ! On dirait qu'il a voulu justifier ces paroles : *Mon joug est léger*, et rappeler la parabole de la brebis fatiguée, portée sur les épaules du bon pasteur, plutôt que celle du maître avare demandant compte du talent confié au serviteur infidèle. Chez lui point de menaces, point de peines toujours imminentes. Il suffit aux moines de savoir que leurs fautes offenseraient le Seigneur, attristeraient le cœur de leur ami. Viviers semble un asile ouvert à toutes ces souffrances qui ont si péniblement traversé le sixième siècle et les suivans. Il semble que, sur la porte de son monastère, Cassiodore a gravé ces mots pleins d'espérance :

> Venite ad me omnes qui laboratis, et ego reficiam vos.

« Avant tout recevez l'étranger, faites l'aumône, couvrez celui qui est nu, partagez le pain avec celui qui a faim, soyez doux envers vos serfs, n'augmentez pas leur redevance ; qu'ils sachent que Dieu fait tomber sa rosée sur les champs de ceux qui lui sont fidèles ; n'aimez pas l'oisiveté odieuse au Seigneur [1] ! » Telles sont les recommandations qu'il adresse à ses moines. Il s'endormit, et sur sa tombe ses amis auraient pu inscrire ces mots simples et touchans qui résumaient si bien tout un siècle de vie :

TRANSIIT BENEFACIENDO.

---

[1] De Inst. Div. Litt., c. xxxii, p. 556.

III.

OEUVRES ET BIBLIOTHÈQUE DE CASSIODORE.

Les bienfaits de Cassiodore envers ses disciples ne s'arrêtèrent pas à sa mort. Ses écrits, sa riche bibliothèque continuèrent à les édifier, à les instruire. Il nous apprend, dans quelques-unes de ses préfaces, les œuvres qu'il avait composées. C'étaient des *panégyriques prononcés devant des rois et des reines* [1]; l'*Histoire des Goths*, en 12 livres. (Les Panégyriques sont perdus. Il ne nous reste de l'Histoire des Goths que l'Abrégé de Jornandès) [2]; la *Chronique* depuis le commencement du monde jusqu'à l'an 519, ouvrage plein de fautes attribuées aux copistes; le livre *sur la nature de l'âme* écrit pendant qu'il était préfet du prétoire [3]. Il était revêtu de la même dignité lorsque, pour satisfaire aux vœux de ses amis, il réunit et publia, divisées en douze livres, les lettres intitulées *Variarum*, qu'il avait écrites, soit en son nom comme magistrat, soit au nom des princes qu'il avait servis [4]. Les cinq premiers livres contiennent celles qui sont envoyées au nom de Théodoric; le sixième et le septième, les formules employées pour conférer les dignités à quelque magistrat; les trois suivans, les lettres écrites au nom d'Athalaric, d'Amalasonthe, de Théodat et de Vitigès;

---

[1] Dixisti... frequenter reginis ac regibus laudes. Préf. des lett. p. 2.

[2] Duodecim libris Gothorum historiam... condidisti. *Ibid.*

[3] ...De animæ substantia... amici me disserere coegerunt. Préf. des lett. xi, p. 172.

[4] ...Dicta mea, quæ in honoribus sæpe positus pro explicanda negotiorum qualitate profuderam, in unum corpus redigere suadebant. Préf. des lett., p. 1.

les deux derniers celles qu'il a adressées en son propre nom aux magistrats pendant sa préfecture. Ce recueil de lettres est un monument inappréciable pour l'histoire de l'époque.

Cassiodore ne négligea pas l'étude dans sa retraite au monastère de Viviers. Nous lisons dans la préface du Traité d'Orthographe le titre des ouvrages qui sortirent de sa plume et l'ordre dans lequel il les a donnés ; c'étaient :

1° Les Commentaires du Psautier, divisés en trois parties, chacune de cinquante psaumes.

2° L'Institution des Lettres Divines, 1 liv. 33 chap.

3° L'Institution des Lettres Humaines, en sept chap., qui traitent :

1° De la Grammaire. Ce chapitre est incomplet, et par le rapprochement que l'on pourrait établir avec Velius Longus, on verrait que Cassiodore s'était beaucoup servi du travail de son devancier.

2° De la Rhétorique. C'est un court exposé des différentes parties de la rhétorique et du discours, avec quelques définitions empruntées à Cicéron et à Quintilien ;

3° De la Dialectique. Ce chapitre est pris, en grande partie, dans Boèce. Quelquefois Cassiodore se contente de l'idée ; souvent il copie textuellement la phrase du commentateur de Porphyre, d'Aristote, de Cicéron.

4° De l'Arithmétique. On n'y trouve que des définitions reproduites d'après le traité de Boèce.

5° De la Musique. Le commencement de ce chapitre apprend que Cassiodore avait fait traduire le grec Gaudentius par son ami Mucien. Cette traduction est perdue ; mais nous possédons le texte que Meibomius a publié dans ses Musiciens grecs en 1652. Nous n'avons encore, dans ce chapitre, que des définitions. Cassiodore devait connaître le travail de Boèce ; toutefois il ne le cite pas. Ses divisions ne se rapportent pas à celles des sept auteurs grecs édités par Meibomius ; ce qui nous ferait croire qu'il avait suivi de préférence Albinus, qu'il avoue avoir lu avec grand soin. Nous n'avons pas cet ouvrage, et Meibomius ne doute pas qu'il ne soit perdu.

6° De la Géométrie. Ce sont quelques définitions employées par Boèce dans son travail sur Euclide.

7° De l'Astronomie. Ce chapitre n'a pas plus d'importance que les autres. La fin a été complétée par A. Mai, en 1831, d'après un manuscrit du Vatican.

Telle est l'indication des sujets traités dans l'Institution des Lettres Humaines. Il avait composé en outre l'exposition de l'Épître aux Romains, d'où il avait rejeté tout ce qui sentait l'hérésie de Pélage ; ce travail est perdu. Il avait réuni dans un même volume, pour l'instruction des Frères ignorants, les Arts de Donat avec les Commentaires ; le Livre sur les Étymologies, et un autre livre de Sacerdos intitulé *De Schematibus*. Ces divers ouvrages sont conservés, à l'exception du dernier.

Le Mémorial, ou compilation des titres et des sommaires de l'Écriture sainte, n'est point parvenu jusqu'à nous. Longtemps on a regretté son *Commentaire sur les Épîtres, les Actes des Apôtres et sur l'Apocalypse ;* mais il a été trouvé à Vérone par le marquis Scipion Maffei, et publié à Florence en 1721. Le savant éditeur fait remonter ce manuscrit au siècle même de Cassiodore, et comme le nom de l'auteur se trouve trois fois écrit Cassiodorii, il change Cassiodorus en Cassiodorius. Cette orthographe est adoptée par les divers éditeurs du Dictionnaire Forcellini et, ainsi que par Angelo Mai.

Ce commentaire se ressent de la vieillesse de l'auteur. Il n'est guère qu'une explication peu développée du verset pris pour texte, et rien n'y rappelle ce luxe d'érudition que nous avons fait remarquer dans le commentaire des Psaumes.

Le Traité d'Orthographe est divisé en douze chapitres, dont les principales idées sont extraites de divers auteurs perdus pour la plupart.

Cassiodore nous apprend dans la préface de l'Histoire Tripartite, qu'il a fait traduire par son ami Épiphane les trois écrivains grecs, Théodoret, Sozomène et Socrate, et qu'il a choisi dans cette traduction ce qui lui paraissait le plus convenable pour le réunir dans un récit sous le nom d'*Histoire Tripartite*.

Enfin, il nous a laissé sur le Discours et sur les huit parties du Discours, un traité qui me paraît emprunté presque en entier à Donat : *Ars sive editio secunda de* VIII *partibus orationis*.

On avait attribué à Cassiodore un *Commentaire du Cantique des Cantiques*, et un *Traité de l'Amitié*, que les critiques s'accordent à rejeter du nombre de ses œuvres. Le père Garet et Sainte-Marthe lui faisaient honneur du Comput ecclésiastique ou Cycle paschal ; Tiraboschi, appuyé sur le père Pétau, en regarde Denys le Petit comme le véritable auteur.

J'aurais voulu dire quels sont ces commentaires (*Peri Hermenias Aristotelis*[1], *in expositione topicorum Aristotelis*[2], *in eo libro qui de decem prædicamentis scriptus est*[3]) que Cassiodore assure avoir composés. Aucun savant ne les a même nommés, et les recherches que j'ai tentées à ce sujet ont été sans résultat.

Tels furent les écrits de Cassiodore. Ils ont en général peu d'originalité ; nous devons toutefois lui rendre cette justice, que même lorsqu'il se sert du travail de ses devanciers, il discute leur opinion, et en adopte souvent une contraire à celle qu'ils ont émise. C'est en lisant avec soin tout ce qui nous reste de Cassiodore, que j'ai tâché de faire connaître les auteurs qu'il a cités, ceux que renfermait sa bibliothèque, et la destinée qu'ils ont subie. Pour apporter dans cette partie de mon travail l'exactitude la plus rigoureuse, je n'ai indiqué,

---

[1] Inst. Lib. Litt., p. 571.
[2] *Ibid.* p. 575.
[3] *Ibid.* p. 575.

comme possédés par le monastère de Viviers, que les livres que Cassiodore assure avoir laissés à ses frères ; mais ce n'étaient pas ses seules richesses. Dans les divers ouvrages donnés avant ou après sa conversion, Cassiodore cite une foule d'auteurs. Quelquefois il se contente de les nommer ; d'autres fois, il fait allusion à ce qu'ils ont dit, souvent il en donne des extraits ; n'est-ce pas pour nous un motif suffisant pour conjecturer qu'il les avait dans sa maison ? Les anciens n'aimaient pas beaucoup prêter leurs livres, et s'ils ne répondaient pas comme Gifanius, à qui on empruntait un exemplaire de Symmaque, *c'est me demander ma femme*, ils devaient accorder une autorisation expresse à leurs amis, pour qu'en leur absence la bibliothèque leur fût ouverte. A Cassiodore appartenaient donc les divers auteurs dont il s'est servi dans ses travaux.

Le père Garet, ne donne pas les noms des auteurs cités dans l'Histoire Tripartite et dans l'Histoire des Goths. J'ai cru ne devoir pas suivre cet exemple. Au reste, pour éviter toute confusion, j'ai employé des signes qui permettront de reconnaître dans quel volume et dans quel traité se trouve l'écrivain dont le nom est cité. Les renvois se rapportent à l'édition de Cassiodore imprimée à Rouen l'an 1679.

EXPLICATION DES LETTRES ET DES CHIFFRES.

A. indique le premier volume des œuvres de Cassiodore.
B.   le second.
Les chiffres romains indiquent le chapitre.
Les chiffres arabes   la page.
D. L. signifie De Institutione Divinarum Litterarum.
DE ORAT.   Commentarium de Oratione et de VIII partibus ejus.
DE ORTH.   De Orthographia.
EXP. PS.   Expositio Psalterii.
FOR.   Formulæ.
H. G.   Historia Gothorum.
H. T.   Historia Tripartita.
L. L.   De Institutione Liberalium Litterarum.
VAR.   Variarum.

Pour ne pas répéter sans cesse après les noms des auteurs : Nous avons cet ouvrage, — Cassiodore le possédait, — Il en reste des fragmens, — Il est perdu ; j'ai employé les signes suivans :

P. P. signifieront : Ouvrage possédé par Cassiodore ; leur absence voudra dire : Cassiodore n'assure pas qu'il les possède.
C.   Conservé.
F.   Fragmens conservés.
?   Est-il perdu ?

Il eût été inutile de mettre ces signes à côté de Virgile, de Cicéron, d'Euripide, d'Eschyle, de Démosthène, etc.

AGRICULTURE.

Æmilianus. D. L., p. 554. P. P. C.

    Duodecim libris de hortis vel pecoribus, aliisque rebus..... disseruit.

Columella. D. L., p. 554. P. P. C.

    Sexdecim libris per diversas agriculturæ species... illabitur. Il dit plus haut : In agris colendis, in apibus, in columbis, nec non et piscibus alendis inter cæteros Columella et Æmilianus auctores probabiles exstiterunt.

Gargilius Martialis. D. L. 554. P. P. F.
Nutrimenta olerum et virtutes eorum diligenter exposuit.

ARITHMÉTIQUE.

Nicomachus. L. L. 586. Exp. Ps. 15.
Arithmeticam disciplinam apud Græcos... diligenter exposuit. Hunc primum Apuleius Madaurensis.
Deinde

Boetius. P. P. C.
Latino sermone translatum, romanis contulit lectitandum.

Philolaus. Exp. Ps. 36. F.

ASTRONOMIE.

Ptolemæus. L. L. 591. P. P. C.
Apud Græcos præcipuus habetur, qui *de Astronomia* duos codices edidit, quorum unum minorem, alterum majorem vocavit Astronomum. Is etiam et canones, quibus cursus astrorum inveniantur, instituit.

Seneca. L. L. 590. P. P. ?
Librum consentanea philosophis disputatione formavit cui titulus est : *De Forma mundi.*

Varron. L. L. 591. P. P. F.
Mundi figuram... longæ rotunditati in *Geometriæ volumine* comparavit.
Liber quem *de Astrologia* conscripsit. *Ibid.*

BELLES-LETTRES.

Æschylus. H. T. (A.) 288.

Apollinaris. H. T. (A.) 296. F.

Cecilius (Statius). VAR. (A.) 130. F.

Chants nationaux. H. G. (A.) 399. 400. 402. P. P. ?

Cicero *Pro Milone.* L. L. p. 566. — *In Catilinam* ibid. *In Philippicis* ibid. — *Iu Verrem.* 578. — *In Pisonem* ibid. 570. — *Pro Cluentio.* 570. — *Pro Roscio.* — *Pro Sylla.* 601.

Cornelius (de Succino). VAR. (A.) 78 ?

Demosthenes. L. L. (B.) 559.

Diceneus. H. G. (A.) 402. Législateur des Goths. Ses Lois, nommées *Bellagines*, étaient conservées par écrit du temps de Jornandès.

Ennius. De ORTH. (B.) 618. F.

Eubolus. H. T. (A.) 296.
 Rhetor

Euripides. H. T. (A.) 296.

Homerus Passim.
 Fréquentes allusions à ses deux poèmes.

Horatius. VAR. (A.) 1. DE ORAT. (B.) 595. 597.

Julianus. H. T. (A.)
 De Cæsaribus. 284. Adv. Christianos, 284. De Cynismo, 301. Adversus Antiochenos, 296.

Libanius. H. T. (A.) 282. 296. 298. 300.

Lucanus. H. G. (A.) 400. De Orat. B. 599.

Menander. H. T. (A.) 289-296. F.

Metrobius. Var. (A.) 112. ?

Oppianus. H. T. (A.) 204. C.
<small>Metris genera piscium, et naturas, captionemque narravit.</small>

Persius. De Orat. (B) 614.

Pindarus. H. T. (A.) 296.

Plato. H. T. (A.) 204-263-299-301.

Plautus. De Orat. (B.) 601.

Plinius. De Orat. (B.) 601.

Plotinus. H. T. (A.) 263.

Sedulius. Exp. Ps. (B.) 387. D. L. 553. C.

Simonides. H. T. (A.) 204. F.

Sophocles. H. T. (A.) 288-289-296.

Symmachus. Var. (A.) 174. C.

Terentianus. Var. (A.) 38. C.

Terentius De Orat. (B.) 597-598-603. L. L. (B.) 566-578.

Themistius. L. L. (B.) 577. 582. F.

Virgilius. Var. (A) 80-86-94-194. H. G. (A.) 400-401. — D. L. (B.) 554. — L. L. 578. — Dr Orat. (B.) 592-594-595-596-598-602-663-604. De Orth. (B.) 606-608-611-612.

Xénophon. H. T. (A.) 301.

COSMOGRAPHIE.

Dionysii. D. L. 553. P. P. C.
Pinacem discite breviter comprehensum.

Julii Oratoris. D. L. 553. P. P. C.
Libellum, quem vobis reliqui, studiose legere festinetis.

Marcellinus. D. L. 553. P. P. ?
Pari cura legendus est, qui Constantinopolitanam civitatem, et urbem Jerosolymorum quatuor libellis minutissima narratione descripsit.

Ptolemæus. D. L. 543. P. P. C.

DIALECTIQUE.

Apuleius. L. L. (B.) P. P. C.
Peri hermenias, 569.

Aristotelis. L. L. (B.) P. P. C.
Categoriæ... hoc opus... intente legendum est, 568.
De interpretatione... opus sex libris a Boetio... expositum, 568.
Topica, 575.

Boetius. L. L. (B.) P. P. C.
Cité comme traducteur.

Cicero.
In topicis, p. 570. L. L. (B.) C.

Marcellus Tullius Carthaginensis. L. L. (B.) 569. P. P. ?
De categoricis et hypotheticis syllogismis, quod a diversis philosophis

latissime dictum est, septem libris breviter, subtiliterque tractavit.

Marius Victorinus. L. L. (B.) 569. P. P. ?
Liber qui inscribitur de syllogismis hypotheticis.

Porphyrius. L. L. (B.) 568. P. P. C.
Introductio.

Varro. L. L. (B.) 566 P. P. F.
Dialecticam et Rhetoricam... in novem disciplinarum libris definivit.

ÉCRIVAINS ECCLÉSIASTIQUES.

Ambrosius, Athanasius, Augustinus, Basilius, Bellator, Cassianus, Joan. Chrysostomus, Clemens Alexandrinus, Cyprianus, Cyrillus, Dionysius Exiguus, Didymus, Epiphanius Scholasticus, Eucherius, Eugepius, Eunomius, Eusebius Cæsariensis, Eustathius, Eutiches, Evâgrius, Facundus, Gregorius Cæsariensis, Gregorius Nazianzenus, Hadrianus, Hegesippus, Hieronymus, Hilarius Pictaviensis, Junilius, Nicetus, Origenes, Palladius, Paulinus, Petrus Abbas, Primasius, Prosper, Rufinus, Sacerdos, Theophilus Alexandrinus, Tichonius, Victorius, Victor Martyritanus, Vigilius.

GÉOMÉTRIE.

Apollonius. L. L. (B.) 589. F.

Archimedes. L. L. (B.) 589. F.

Boetius. L. L. (B.) 589. P. P. C.

    Euclidem translatum in Romanam linguam... dedit.

Censorinus. L. L. (B.) 589. P. P. C.

Euclides. L. L. (B.) 589. C.

Varro. L. L. (B.) 588. F.

GRAMMAIRE ET ORTHOGRAPHE.

Adamantius Martyrius. P. P. ?

    De V et B — de Orth. (B.) 611. De primis, mediis atque ultimis syllabis. D. L. 555.

Aquila. DE ORTH. (B.) 619. P. P. C.

Augustinus (S.) L. L. (B.) 559. P. P. C.

    Ouvrage apocryphe.

Avitus. DE ORTH. (B.) 619. P. P. C. ?

Cœsellius. DE ORTH. (B.) 617. P. P. ?

Censorinus. L. L. (B.) 559. P. P. C.

Cornutus. (Cnæus) DE ORTH. (B.) 606. P. P. ?

Curtius Valerianus. DE ORTH. (B.) 608. P. P. ?

Diomedes. D. L. (B.) 555. C.

Donatus. L. L. (B.) 559-60. P. P. C.

Eutyches. DE ORTH. (B.) 616. P. P. ?

    De Aspiratione.

Gratus DE ORT. (B.) 611. ?

L. Cecil. Vindex. De Orth. (B.) 612. P. P. ?

Helenus. L. L. (B.) 559. P. P.

Irenæus. H. T. (A.)

Messius. D. L. (B) 547. P. P. ?
   Quadriga Messii.

Nisus. De Orth. (B.) 608. ?

Palæmon. L. L. (B.) 559. ?

Papirianus. De Orth. (B.) 609. P. P. ?

Phocas. D. L. (B.) 555-559. P. P. C.
   De differentia generis.

Priscianus. De Orth. (B.) 612. P. P. C.

Probus. L. L. (B.) 559. C.

Quintilianus. De Orth. (B.) 619. ?

Sacerdos. D. L. 560. P. P. ?
   De schematibus.

Theoctistus. D. L. (B.) 555. ?

Verro. De Orth. (B.) 608. P. P. F.

Velius Longus, De Orth. (B.) 608. P. P. C.

HISTOIRE.

Ablabius. H G. (A,) 399. ?
   Descriptor Gothorum gentis egregius.

Cæsar. L. L. (B.) 607. C.

Callistus. H. T. (A.) 299.
    La vie de Julien en vers héroïques.

Cornelius (Tacitus). H. G. (A.) 398. C.
    Allusion à un passage de la vie d'Agricola.

Dexippus. H. G. (A.) 407. F.

Dio. H. G. (A.) 400.
    Getica.

Dionysius. H. G. (A.) 406. F.
    C'est Denys d'Alexandrie.

Eusebius. D. L. (B.) 550. P. P. C.
    Historia. Chronica.

Fabius. H. G. (A.) 410. ?

Gennadius. D. L. (B.) 550. P. P. C.
    De Viris illustribus.

Hieronymus. D. L. (B.) 550. P. P. C.
    De Viris illustribus.

Josephus. D. L. (B.) 550. P. P. C.
    Antiquitates. VII Libri captivitatis.

Livius. (Tit.) D. L. (B.) 550. H. G. (A.) 398.

Macrobius Com. P. S. (A.) 44. C.

Marcellinus. D. L. (B.) 550. P. P. C.
    Chronicon.

Orosius. D. L. (B.) 550. P. P. C.

Philo. H. T. (A.) 212. C.

Porphyrius. H. T. (A.) 301. ?

    Historia philosophiæ.

Priscus. H. G. (A.) 412. 413. 416. 419. F.

Prosper. D. L. (B.) 550. P. P. C.

Rufinus. D. L. (B.) 550. P. P. C.

Sallustius. De Orat. (B.) 597. 603.

Socrates. D. L. (B.) 550. P. P. C.

Sozomenes D. L. (B.) 550. P. P. C.

Strabo. H. G. (A.) 398. ?

Symmachus. H. G. (A.) 404. ?

Theodoretus. D. L. (B.) 550. P. P. C.

Theopompus, H. T. (A.) 204.

Trog. Pompeius. H. G. (A.) 400-402. ?

MÉDECINE.

Aurelius Cœlius. D. L. (B.) 556. (Cœlius Aurelianus) P. P. C.

    De medicina.

Dioscorides. D. L. (B.) 556. P. P. C.

    Herbarium.

Galenus. D. L. (B.) 556. P. P. C.

    Therapeutica.

Hippocrates. D. L. (B.) 556. P. P. C.

    De herbis et curis.

    Legite diversos alios medendi arte compositos, quos vobis in Bibliothecæ nostræ sinibus reconditos... dereliqui.

MUSIQUE.

Albinus. L. L. (B.) 588. P. P. ?

Alypius. L. L. (B.) 588. C.

Apuleius Madaurensis. L. L. (B.) 588. ?

Augustinus. L. L. (B.) 588. C.
De musica sex libri.

Censorinus. L. L. (B.) 588. P. P. C.

Euclides. L. L. (B.) 588. C.

Gaudentius. L. L. 588. C.
Gaudentium Mutiani latinum... habetis hic... ?

Ptolemæus. L. L. 588. C.

Pythagoras VAR. 21.
C'est sans doute le pythagoricien Nicomachus. C.

RHÉTORIQUE.

Cicero. L. L. 566. P. P.
Libri duo de Arte rhetorica.

Fortunatianus. L. L. 565. P. P. C.
Tria volumina de Arte rhetorica.

Marius Victorinus. L. L. 565. P. P. C.
Commenta duorum librorum Ciceronis.

Quintilianus. L. L. 565. P. P.
Duodecim Institutionum librum.

Varro, déjà cité.

Ainsi est complète, si je ne me trompe, la liste des auteurs cités par Cassiodore ; ainsi peut se recomposer sa bibliothèque. Que l'on ne m'accuse pas d'avoir négligé quelques noms, tels que ceux de saint Antoine, d'Asclépiade, de Lucrèce. Ce n'est pas une erreur ; l'omission est volontaire. Saint Antoine ne se trouve pas cité comme écrivain ; Cassiodore lui attribue une espèce de prédiction. Asclépiade est un médecin qui, dit-on, se servit de la musique pour guérir un frénétique. Lucretius est indiqué comme nom terminé en *us*, et pas du tout comme poète. Si l'on veut que Cassiodore ait ses œuvres, pourquoi ne pas placer à côté de lui Ovidius, désigné à cause du surnom de Naso ? Une chose m'étonne dans Cassiodore, c'est que Boèce n'a de titres à ses yeux que dans ses traductions et ses commentaires des auteurs grecs ; jamais il ne fait allusion à sa *Consolation de la Philosophie*, pas même à son *Traité de la Trinité*, ni à aucun de ces ouvrages théologiques imprimés ordinairement sous son nom. Ce silence n'est-il pas une présomption de plus pour confirmer le doute élevé par M. Le Clerc sur la vérité de la tradition ?

M. Petit-Radel, dans ses *Recherches sur les bibliothèques anciennes et modernes*, a abrégé l'index du P. Garet, pour faire connaître les ouvrages possédés par Cassiodore ; de là quelques erreurs, quelques omissions. Il cite Apollonius le grammairien, qui n'est pas nommé. Je ne reviendrai pas sur ce que j'ai dit de Lucrèce ; mais M. Petit-Radel a oublié, avec le P. Garet, de nous citer Démosthène, Cecilius, Plaute, Perse, Tite-Live et Symmaque. On le voit, j'indique seulement les auteurs dont les noms se trouvent dans les œuvres de Cassiodore. Mais ne pourrais-je pas avec raison soutenir que la plupart de ceux qui sont cités dans l'histoire Tripartite et surtout dans celle des Goths, étaient en sa possession ? N'avait-il pas la géographie de Strabon, la Germanie de Tacite, les Getica de Dion, les récits de Priscus, l'histoire d'Ablabius, les chants populaires, et tant d'autres monumens précieux, nécessaires à celui qui racontait les émigrations, les conquêtes des ancêtres de Théodoric?

Il connaissait même les poètes satiriques, comiques et tragiques; il y fait allusion en divers endroits, et entre autres dans l'exposition du psaume 144e [1].

Au reste, ce n'est pas seulement l'indication des livres sauvés dans l'arche de Viviers que nous lisons dans les œuvres de Cassiodore. L'histoire, les mœurs de son époque, la décadence du bon goût, les germes d'un nouvel idiôme s'y révèlent avec éclat. Qui voudra connaître à fond l'Italie au sixième siècle, et cette civilisation éphémère produisant des fleurs bien pâles, sous la protection des rois ostrogoths, doit étudier ce qui nous reste de Cassiodore, et surtout ses *Lettres*. Il y trouvera du mauvais goût, de l'emphase, une érudition presque toujours déplacée, des jeux de mots, des étymologies bizarres [2]; mais il aura vécu dans l'Italie du sixième siècle; il aura vu le Goth, le Romain se heurtant, se mêlant dans la société, et peut-être lui viendra-t-il alors quelques doutes sur cette séparation que, d'après des auteurs dont l'autorité est assez grave, Théodoric aurait voulu établir entre le vainqueur et le vaincu, entre le magistrat et le guerrier, entre le Romain poli et savant et l'Ostrogoth ignorant et grossier. Il

---

[1] T. II. p. 489.
[2] Apes a pedibus quod sine pedes nascantur, 395.
Angulus a γονυ, 396.
Vertex quod dextra læva que vertat capillos, 33.
Virga quod vi sua regat, 18.
Terminus quod lapis ipse a tribus pedibus aliquid minus habet, 18.
Barbarus-barba et rus, 386.
Cœlum a celare, 388.
Oculus ocior lux aut a palpebris occulentibus, 29.
Lac a liquore, a in i convertitur, 408.
Palpebræ a palpitando, 451.
Prodigia porro digia, 459.

relira ces lettres où les Barbares sont nommés sénateurs [1], où, en leur présence, on fait le plus pompeux éloge des études [2] qui leur sont interdites ; où un Romain, un vaincu, a l'honneur d'être uni à une femme du sang royal [3] ; où l'on vante les exploits militaires des Romains, on loue un père qui apprend à ses enfans le métier des armes [4], tandis qu'on nous assure que les Barbares avaient seuls le droit de manier une épée. Sera-t-il facile d'ajouter foi aux paroles de l'écrivain qui fait dire à Théodoric qu'un enfant tremblant sous la verge du maître n'osera jamais regarder une épée nue, lorsque nous verrons ce prince se faire expliquer les secrets de la nature par Cassiodore ; se plaire aux entretiens savans ; donner à sa fille une instruction solide ; louer la science de sa nièce mariée à un roi de Thuringe [5] ; lorsque nous verrons son petit-fils, son successeur, élevé dans ces études qu'il a proscrites ; son neveu, qui plus tard gouverna son empire, instruit dans les lettres [6], et nommé Platonicien ?

Que de choses ne pourrait-on pas puiser dans ce recueil, sur les basses classes de la société, sur l'état des villes, le commerce, la littérature !

Il m'est donc permis de proclamer les grands services rendus par Cassiodore au monde littéraire, et je ne saurais mieux faire, pour terminer mon travail, que d'emprunter une page à son biographe, au savant Sainte-Marthe : « On doit regarder Cassiodore comme le restaurateur des sciences dans le sixième siècle, et comme le *grand héros* des bibliothèques. Il n'y en a point de considérables qui ne lui aient des obli-

---

[1] L. I, ép. 36, 38 ; l. II, 23, 29, 35 ; l. III, ép. 13, etc.

[2] L. II, ép. 3 ; l. III, 6 ; l. v, 22 ; l. VIII, 19 ; l. x, 7.

[3] L. x, ép. 12.

[4] L. VIII, ép. 17, 21 ; l. IX, 23, 25.

[5] L. IV. ép. 1.

[6] L. x, ép. 3.

gations infinies, puisque c'est par ses soins qu'on a conservé plusieurs ouvrages des anciens, qui auraient péri par les cruelles guerres dont l'Italie, la Sicile, l'Afrique et plusieurs autres provinces furent désolées de son temps, s'il n'avait pas été aussi zélé qu'il le fut à les faire transcrire pour les multiplier, et s'il n'avait donné l'exemple à la postérité, particulièrement aux moines, de s'occuper à ce travail honnête et utile à la république des lettres. Il n'y a donc point de grandes bibliothèques où l'on ne dût lui ériger une statue par une juste reconnaissance [1]. »

[1] Sainte-Marthe, l. III, c. v, art. 13, p. 293.

NOTE DE LA PAGE 26.

On sait à quelle occasion fut composé le *Traité des Études monastiques*. Armand de Rancé, filleul du cardinal de Richelieu, éditeur, à l'âge de douze ans, d'un Aristophane avec des scholies grecques, plus tard, abbé galant, chassant le matin comme un diable, prêchant le soir comme un ange, ainsi qu'il le disait lui-même, se convertit et devint abbé de la Trappe. La réforme sévère qu'il introduisit dans ce monastère lui attira des admirateurs et des envieux. Non content d'édifier ses frères les Trappistes, il voulut étendre ses bienfaits sur les autres congrégations religieuses. En 1683, il publia trois volumes *De la sainteté et des devoirs de la vie monastique*; et, au nom de la religion, il lança des satires contre les moines. Quelques réclamations s'élevèrent; il y répondit, en 1685, par le volume des *Eclaircissemens de quelques difficultés que l'on a formées sur le livre de la sainteté et des devoirs de la vie monastique*. Ces deux ouvrages firent grand bruit et alarmèrent plusieurs consciences timorées. La Trappe seule convenait aux solitaires qui aspiraient à la vie éternelle; hors de la Trappe point de salut. La *Lettre à un évêque*, publiée, en 1689, par l'abbé de Rancé, qui reprochait aux Chartreux de s'être éloignés de l'esprit de leur saint fondateur, jeta une telle confusion parmi ces moines, que les plus zélés voulaient se réfugier à la Trappe. Le supérieur, Innocent le Masson, écrivit pour les rassurer (1689) son *Explication de quelques endroits des anciens statuts de l'ordre des Chartreux, avec des éclaircissemens donnés sur le sujet d'un libelle qui a été composé contre l'ordre et qui s'est divulgué secrètement*. Ce livre, si rare de nos jours, ne suffisait pas pour dissiper tous les doutes soulevés par les publications de l'abbé de Rancé. Il avait surtout attaqué avec force les études qui, disait-il, devaient être bannies des cloîtres, et il s'appuyait sur l'autorité des SS. PP. et des fondateurs des monastères. C'était un coup direct porté aux Bénédictins. L'homme le plus savant et le plus pieux à la fois du royaume de France, D. Mabillon fut chargé de lui répondre, et il adressa, en 1691, le *Traité des Études monastiques* aux jeunes religieux Bénédictins de la congrégation de Saint-Maur. Ce livre est un de ces écrits où l'érudition la plus vaste est unie à la simplicité, à la modestie la plus rare. Je citerai deux phrases de la dédicace pour montrer que j'ai donné son véritable sens à la phrase du texte : il dit :

« Ce n'était pas assez d'y faire voir l'*antiquité des études* dans tout l'ordre monastique et dans le nôtre en particulier......... Il n'est pas jusqu'à la lecture des auteurs profanes dont vous ne puissiez profiter pour votre avancement, si vous les lisez avec des dispositions chrétiennes. » Il cite l'exemple de saint Augustin, touché par la lecture de l'*Hortensius* de Cicéron.

L'année suivante, 1692, l'abbé de Rancé publia sa *Réponse au Traité des Études monastiques,* et, tout en affectant la plus grande estime pour Mabillon, il se déchaîne contre son livre, sans ménager les Bénédictins. La discussion n'était pas renfermée dans les murailles des monastères ; les ouvrages étaient recherchés et lus avec plaisir de tout le monde, à la cour aussi bien qu'ailleurs (IV lettres, p. 109, *Suite des*). On écrivait de la Trappe des lettres sanglantes contre le P. Dubois, à cause de l'approbation qu'il avait donnée au *Traité des Études* du P. Mabillon (*Suite des Lettres*, p. 195). Mais l'abbé de la Trappe sentait si bien la supériorité de son adversaire qu'il recourut à tous les moyens pour le réduire au silence. On menaça de la Bastille *quiconque* oserait lui répondre (IVe lett. p. 171). « On ne put apprendre sans quelque
« sorte d'indignation que cet abbé, du fond de sa retraite, avait su re-
« muer toutes les puissances pour imposer silence à ses adversaires ;
« que des princesses du premier rang et d'un plus grand mérite s'en
« étaient mêlées, avec des intentions aussi pures que celles de M. de
« la Trappe étaient intéressées; que l'on avait tenté l'équité de mon-
« seigneur le chancelier par toutes sortes de voies; en sorte qu'il ne
« fut pas possible pendant plus de quatre mois de savoir au vrai si le
« P. Mabillon répondrait, et si tant de sollicitations, jointes à sa mo-
« destie, à son amour pour la paix, ne lui fermeraient pas la bouche[1]. »
Dans cette incertitude, un chrétien charitable, persuadé qu'il serait avantageux pour M. de la Trappe de lui faire une confusion salutaire des fautes dont sa Réponse est remplie[2], fit imprimer, à Amsterdam, 1692, sous le voile de l'anonyme, *Quatre lettres à M. l'abbé de la Trappe, où l'on examine sa Réponse au Traité des Études monastiques, et quelques endroits de son Commentaire sur la règle de Saint-Benoit.* Tout le monde lut ces lettres, où le savoir mêlé à l'ironie, au sarcasme, écrasait M. de la Trappe : c'était le récit des entretiens d'un abbé de

---

[1] Avertiss. des IV lettres.
[2] *Ibid.*

« quatre gros bénéfices, et qui se croit plus assuré de son salut en les
« possédant que s'il y renonçait pour se faire religieux partout ailleurs
« qu'à la Trappe ; d'un docteur célèbre, et de la morale la plus sévère ;
« d'un chevalier qui a l'esprit agréablement tourné, qui lit beaucoup,
« et que le trop de lecture n'a pas gâté dans le monde [1]. » Le quatrième personnage était l'éditeur des lettres, dévoué de cœur à l'abbé de Rancé, lui conseillant de ne pas se fatiguer inutilement à chercher de qui elles lui viennent, mais de pratiquer cet avis de l'auteur de l'*Imitation de Jésus-Christ* : *Non quæras quis hæc dixerit, sed quid dicatur attende* [2].

M. de la Trappe ne suivit pas le conseil de son ami caché, et tandis qu'il s'efforçait de découvrir son nom afin de le remercier, comme il l'écrivait à Santeuil, de l'abbaye de Saint-Victor [3], les *Réflexions sur la réponse de M. l'abbé de la Trappe au Traité des Études monastiques*, par Mabillon, lui furent apportées. L'ouvrage n'était pas de nature à calmer ses inquiétudes. En janvier 1693 parut une lettre d'un ami de l'auteur des quatre lettres, écrite à M. de Santeuil, religieux de Saint-Victor, au sujet de la lettre que l'abbé de Rancé lui avait adressée.

M. de la Trappe se renferma dans le silence ; mais un ami, Thiers, curé de Vibraye, dans le diocèse de Meaux, adressa au R. P. de Sainte-Marthe, de la congrégation de Saint-Maur, une lettre des plus violentes comme à l'auteur de tous les écrits anonymes dirigés contre le célèbre réformateur. — De là, une réponse de l'ami inconnu à M. de la Trappe (16 février 1693), suivie bientôt d'une lettre à un docteur de Sorbonne, où l'on examine la lettre adressée au R. P. de Sainte-Marthe. — La discussion fut vive, et dépassa plus d'une fois les bornes mêmes de la politesse. L'anonyme soutint que Sainte-Marthe était étranger à toutes ces lettres ; un jeune Bénédictin se hâta d'écrire à son confrère pour lui annoncer combien cette déclaration lui avait causé de plaisir. Quelque temps après on apprit le nom de l'auteur de tous ces pamphlets ; c'était... le révérend père Denys de Sainte-Marthe, de la congrégation de Saint-Maur ! ! Ses supérieurs furent obligés de le déposer de la priorature de Saint-Julien de Tours. Mais cette disgrâce ne fut pas de longue durée ; car, après avoir parcouru toutes les dignités de son ordre, il fut élu général en 1720.

---

[1] 1re lett., p. 2.
[2] Avertissement.
[3] 5 novembre 1692. Suite des lettres.

A Sainte-Marthe, aussi bien qu'à ses adversaires, peuvent s'adresser ces paroles de l'Apocalypse :

« Angelo Ephesi Ecclesiæ scribe... habeo adversum te quod charita-
« tem tuam primam reliquisti. Memor esto itaque unde excideris, et
« age pœnitentiam. »

Si je ne me trompe, l'auteur de l'article *Thiers*, dans la *Biographie universelle*, a commis une erreur lorsqu'il assigne à l'an 1694 la publication de l'Apologie de M. l'abbé de la Trappe. La Réponse de Sainte-Marthe est de 1693. — Peut-être est-ce encore une erreur de faire déposer Sainte-Marthe de la priorature de Saint-Solier de Tours, car dans ses lettres il se dit Prieur de Saint-Julien de Tours.

Pour compléter cette note, j'ajouterai que l'*Examen des Réflexions du Père Mabillon sur la Réponse au Traité des Études monastiques* fut annoncé, mais non imprimé; que M. de Vert publia une lettre sous le nom de Frère Colomban, pour la défense du sentiment de M. de la Trappe, tandis que MM. Arnaud et Nicole se rangèrent du côté des Bénédictins.

Vu et lu, à Paris, en Sorbonne, le 12 avril 1841, par le doyen de la Faculté des Lettres de Paris,

J. VICT. LE CLERC.

Permis d'imprimer :
L'Inspecteur général des études, chargé de l'administration de l'Académie de Paris,

ROUSSELLE

www.ingramcontent.com/pod-product-compliance
Lightning Source LLC
LaVergne TN
LVHW021003090426
835512LV00009B/2045